小説より面白い
アメリカ史

Okamoto Masaaki
岡本正明

中央大学出版部

序――アメリカ史の散歩道

どこの国にも、歩くことがそのまま歴史を「読む」ことにつながるような都市がある。ローマ、パリはその典型であり、日本について言うならば、誰しも京都を例にあげるであろう。

アメリカの場合はどうだろうか。ボストン、ニューヨークなど、いくつかの例がすぐに思い浮かぶであろうが、第一にあげるべき都市はワシントンDCである。ワシントンDCは、「モール」と呼ばれる広場を中心に、「歴史の散歩道」が四方に通じている。とりわけ、ポトマック川周辺はアメリカ史の「縮図」と言ってよく、歴代の大統領の名を冠した記念物が目白押しである。ワシントン・モニュメント、ジェファソン・メモリアル、リンカーン・メモリアル、フランクリン・ローズヴェルト・メモリアル、ケネディー・センター……。ポトマック周辺を歩くこと、それは、アメリカ史を「歩く」ことでもある。

ワシントンDCの街を散策していると、われわれは誰しも「歴史の足音」に耳を傾けざるを得なくなる。そして、しばし散策をやめ、アメリカ建国以来数百年の歴史の各時代にタイムスリップしてゆくような感覚におそわれる……。

本書は、このような都市ワシントンを気ままに旅したことから生まれたアメリカ小史である。アメリカ史といっても、つまらない教科書的な通史ではない。本書の中心をなすのは、歴史上の人物を物語風に描いた「英雄伝」であり、アメリカ史の裏話、異説をふんだんにもりこんだ「こぼれ話」である。表題に「小説より面白いアメリカ史」と銘打ってあるのは、そのような肩の凝らない、軽い読み物を心がけたからにほかならない。

目次

1 七月四日の「奇跡」

一八二六年七月四日。この日は、いつもの年と同じく、首都ワシントンで独立記念日を祝う式典が開かれることになっていた。とりわけ、アメリカ独立五〇周年に当たるため、例年よりも華やかな式典になると予想されていた。中でも、式に列席するメンバーの中には、独立宣言の起草者であるトマス・ジェファソン(1)が含まれるという噂が広がっていたため、皆がこの日を心待ちにしていた。

しかしながら、式典に招待されたジェファソンは、健康上の理由からそれを断らざるを得なかった。齢八三歳。すでに彼は、不治の病に侵されていたのである。

彼は己の死期をさとり、晩年とりわけ力を注いだヴァージニア大学(2)関係の仕事の引継ぎ、自分の財産の管理・整理等について、マディソンやモンローら友人に、そして自分の家族にさまざまな指示を与えていた。また、主治医を呼び寄せ、つねに待機させていた。

---

(1) 1743―1826。第3代大統領。任期1801―09。大陸会議(1775―76)において、独立宣言の起草者に選ばれた。

(2) ジェファソンは1819年、ヴァージニア大学を設立し、学長となった。彼の私邸モンティチェロからは、ヴァージニア大学のドーム状の屋根を遠望することができる。

七月二日。　ヴァージニアのシャーロッツヴィル(3)にある私邸モンティチェロ(4)において死の床に伏していたジェファソンは、その日、娘のマーサを呼び寄せ、次のように言った。

「私が死んだ後に、この宝石箱を開けなさい。」

その中には、最愛の娘マーサとの別れを惜しみ、マーサへの全身全霊の愛を込めた詩がしたためてあった。

ジェファソンは娘を正視していた。震える手で宝石箱を受け取ったマーサは、父の灰色の目を正視することが出来ず、おもわず下を向いた。ジェファソンは、マーサを見つめながら、今は亡き妻のマーサ(5)（娘と同名）の姿を重ね合わせていた。そして、アルコーヴ・ベッド（壁の一部を切り抜いた空間に据えたベッド）の上で苦しげに身を起こし、右手を見やり、窓の外の鬱蒼とした樹木と、南の小屋につながるテラスの方を眺めた。その後、再び床に伏し、深い眠りに落ちていった。

ジェファソンは夢を見ていた。まだモンティチェロ邸が未完成で南の小屋しか出来ていなかった頃、新妻のマーサを伴ってここにやってきた雪の降る夜のこと。小屋で娘のマーサが生まれた日のこと……。

夜、再び目覚めると、娘のマーサがベッドのそばでじっとジェファソンを見つめていた。意識が朦朧《もうろう》とする中、彼はそれが亡き妻の幻に思えた。そしてろうそくの弱い光に照らされた部屋の暗がりには、召使の一人が、悲しみをこらえてつつましく控えていた。彼は、

（3）ワシントンDCから南西方向に車で約2時間半のところにあるヴァージニア州の町。

（4）ジェファソン自身が設計した彼の邸宅。1768年から1809年にかけて造られた。モンティチェロからすこし山を下ったところにジェファソンの墓がある。墓には次のような墓碑銘がきざまれている。『独立宣言』及びヴァージニア信教自由法の作者、そしてヴァージニア大学の父」

（5）マーサ・ウェイルズ・スケルトン・ジェファソン。1748—82。彼女は18歳のとき、ジェファソンの大学時代の同窓生であるバサースト・スケルトンと結婚したが、わずか2年で未亡人となっていた。ジェファソンは、マーサの輝くばかりの美貌と音楽の才能にひかれ、1772年マーサと結婚した。

そこに自分が愛した黒人奴隷サリー・ヘミングス[6]の幻を見ていた。

パリにいた数年間[7]が走馬灯のようにジェファソンの夢の中を過ぎ去っていった。悦楽のパリ。そこにはいつもサリーがいた。サリーとの許されぬ関係……。それは、二人のマーサによって築き上げられた甘美で平和な世界にしのびよる影であった。

いくぶんうなされるように目覚めたジェファソンは、ろうそくの光のもと亡き妻の幻と化した娘の方を見つめ、そして深い暗がりに吸い込まれてゆくサリーの幻を追った。しばらくすると、二人の幻は次第に遠のいてゆき、彼は机の上の羽ペンを見つめるうちに、アメリカ革命の時代に思いを馳せていった。

一気呵《か》成に書き上げた独立宣言。夢の中のジェファソンは、それを一字一句正確に読み上げていた。「自由」という一語を読み上げたとたん、彼の前に群がった無数の民衆は紅蓮の炎と化し、旋風となり、四方に広がっていった。それから、さまざまなイメージが絵巻物のようにくり広げられていった。レキシントン、コンコード[8]での武力衝突、バンカーヒルの戦い[9]、また、シャーロッツヴィルで敵に急襲された時[10]、命からがら逃亡したこと。ヨークタウン[11]での決定的な勝利のニュース。これらさまざまな戦いの記憶のイメージが去来する中、不動の一点のように光る一日。フィラデルフィアでの独立宣言の採択。ワシントン、アダムズ、マディソン、フランクリン[12]らとともにジェファソンもそこに立っていた……。

---

(6) ジェファソンが黒人奴隷サリー・ヘミングスと愛人関係にあり、彼女との間に子供を儲けていたという噂は、ジェファソンの存命中にすでにスキャンダルとなっていたが、近年、それが事実であるということがDNA鑑定によって証明された。詳しくは以下の2著を参照のこと。アネット・ゴードン＝リード『トマス・ジェファソンとサリー・ヘミングス』(ヴァージニア大学出版局)。ジャン・エレン・ルイス他編『サリー・ヘミングスとトマス・ジェファソン』(ヴァージニア大学出版局)。

(7) ジェファソンは1785年から1789年まで、駐仏アメリカ公使としてパリに在住していた。

(8) 1775年4月、ボストン近郊のレキシントンとコンコードで植民地軍とイギリス軍との間で武力衝

翌日、目覚めた時、彼の意識は異様にはっきりとしていた。興奮したように額に汗が滲んでいた。そばには、主治医のダングリンがいた。ジェファソンはダングリンに向かってこう言った。

「今日は七月四日か?」

この言葉を発してから二時間後、七月三日の午後九時に、ジェファソンは昏睡状態となった。

七月四日。この日は、各地で独立を祝う式典が予定されていた。モンティチェロ邸から遠く離れたマサチューセッツ州クインシー[13]においても、早朝から式典の準備がなされていた。その中で、アダムズ家は、死んだようにひっそりとしていた。第二代大統領であるジョン・アダムズ[14]が、ジェファソンと同じく、臨終の時をまさに迎えようとしていたからである。

六月三〇日。すでにジェファソンと同じく不治の病に侵されていた九〇歳のアダムズは、地元クインシーで行われる予定の七月四日の式典に際してのメッセージを求められて、次のように答えていた。

「独立、永遠に!」

七月三日には、アダムズは言葉を発するのが困難になり、七月四日には呼吸困難に陥った。

突が起こり、ここに独立戦争は始まった。

(9) 1775年6月植民地軍とイギリス軍はボストン北西のバンカー・ヒルで最初の激戦を交えた。

(10) 1781年、ヴァージニア州リッチモンドに攻め入ったイギリス軍のコーンウォリス将軍は、当時州知事であったジェファソンと州議会議員がシャーロッツヴィルで会合を開いているという情報を入手し、配下のものにジェファソンらを急襲させた。ジェファソンは間一髪のところで逃走に成功した。

(11) ヴァージニア州南東部に位置する町。ここで、イギリス軍総司令官コーン・ウォリスはアメリカ軍に降伏した。

(12) 1706―90。政治家、著作家、科学者。アメリカの百科全書的知性。

しかし、今日が七月四日だと告げられると、苦しい息の下からふりしぼるように、だがはっきりとこう言った。

「偉大な日だ。すばらしい日だ。」

クインシーの町では、絶えず祝砲が鳴り響いていた。

一方、モンティチェロ邸のあるシャーロッツヴィルの町でも、七月四日を祝う鐘の音が鳴り響いていた。しかし、ジェファソンはこの鐘の音をもう耳にすることはなかった。未明に、孫のトマス・ジェファソン・ランドルフに対して意味のわからない数語を発した後、ジェファソンは深い眠りに落ちていったという。そして、アダムズが言ったこの「偉大な日」のまっただ中、正午すぎに、ジェファソンはこの世を去った。

クインシーでは、午後から荒れ模様の天気になった。アダムズ家では、ジョン・アダムズがついに最期の時を迎えようとしていた。アダムズは、最後の力をふりしぼるかのように、はっきりと聞き取れる声でこう言った。

「トマス・ジェファソンは生きている。」

これがアダムズの最後の言葉となった。七月四日の夕刻、アダムズもこの世を去った。

「独立宣言」の起草委員の1人であり、独立戦争時には外交官として活躍。彼の『自叙伝』は自伝文学の白眉である。

(13) クインシーは、2人の大統領を輩出したアダムズ家の本拠である。初期の大統領の多くがヴァージニア出身者であった中、ニューイングランドのマサチューセッツ出身の大統領は例外的である。なお、ジョン・アダムズが生まれた1735年には、クインシーはブレイントリーという地名であった。

(14) 1735—1826。任期1797—1801。1774年、大陸会議代表。1789年、副大統領。息子のジョン・クインシー・アダムズは第6代大統領であり、歴史家ヘンリー・アダムズは、クインシー・アダムズの孫に当たる。

二人の元大統領、建国の父が、同じ日に、しかも七月四日にこの世を去ったというニュースは瞬くうちにアメリカ全土をかけめぐり、畏怖の念をもって迎えられた。たとえば、ワシントンDCで発行されている「メトロポリタン」紙の号外（一八二六年七月一二日発行）には、「すべての政治的感情[15]が消え去り、市民らが、これら傑出した二人がわが国の独立を推し進めた人物であるということのみを思い出しているのは、何よりもうれしいことである」と記されている。そして、「二人の人物の同時的な死」は「奇跡」であると述べられている。

「奇跡」。そう、まさしくそれは、「奇跡」以外の何ものでもなかった。それも、宗教的な、啓示のごとき「奇跡」であった!

「事実は小説よりも奇なり」とはよく言われるが、これほど奇なる事実はない。念を押すが、これは本当の話である。

ここでこのエッセイは締めくくるべきであるが、「奇跡」にはさらに後日談がある。それに少し言及して、擱《かく》筆することにしよう。

ジェファソンとアダムズが没した後、まだ生きていた革命時代の神話的なヒーローであるマディソン（第四代大統領）[16]とモンロー（第五代大統領）[17]は、再び親交を深めてゆくのだ

---

(15) ジェファソンはリパブリカン党に属し、アダムズはフェデラリスト党に属しており、両党は激しく相争っていた。

(16) 1751―1836。任期1809―17年。憲法制定会議で主導的な役割を果たしたことで知られる。1801年国務長官。

(17) 1758―1831年。任期1817―25年。1799年ヴァージニア州知事。1811年国務長官。彼の「モンロー宣言」はあまりにも有名。

が、この二人の晩年を記す伝記作者たちは、異口同音に、二人の命日に関して言及している。まずモンローについて。彼もまた、「奇跡」を起こしたのである。ウソみたいな話であるが、モンローもまた、一八三一年七月四日にこの世を去っている。これは、アメリカ独立の五五周年に当たる。

マディソンについてはどうか。このように、アダムズ、ジェファソン、モンローが「七月四日の奇跡」を起こしたのであるから、当然マディソンの命日も、と「奇跡」が天文学的な確率で実現することを人々は期待した。事実、アメリカ独立の六〇周年に当たる一八三六年にマディソンが体調を崩し、六月の末に死の床につくと、人々は「奇跡」が四度起こるのではないかと本当に思ったそうである。また、七月四日まで延命措置をほどこそうと必死になって考えた人もいるそうである。

で、実際はどうであったか?

読者をがっかりさせるようで恐縮だが、四度目の「奇跡」は起こらなかった。マディソンが死去したのは、一八三六年、六月二八日であった。

しかし、アメリカの国民にとって、それは十分に「奇跡」と思われたことだろう。マディソン死去のニュースがアメリカ全土にゆきわたったのは、ちょうど七月四日頃であり、その日、人々は皆、アメリカの歴史においてマディソンという偉大な人間が存在していたことを、一つの「奇跡」として思い起こしていたからである。

2

ジェファソン国務長官に物申す
——ベンジャミン・バネカー

ワシントンDCには、「議会図書館」と呼ばれる世界最大規模の図書館がある。これは、一八〇〇年に設立されたものであり、一八一二年戦争[1]のさなかイギリス軍の猛攻撃[2]によって焼失したのち、トマス・ジェファソンの膨大な蔵書をもとに再建された。現在は、数棟からなる壮麗な建物が、国会議事堂[3]と最高裁判所のすぐ隣に立ち並んでいる。

この議会図書館の設立二〇〇周年を記念して、ジェファソンの特別展が行われていると聞き、私は議会図書館を初めて訪れた。宮廷建築を思わせるイタリア・ルネッサンス様式の本館の二階部分で、ジェファソン展は開かれていた。展示の内容は実に多岐にわたっており、政治家ジェファソンはもとより、文学者ジェファソン、博物学者、考古学者ジェファソン、そして発明家ジェファソンなど、まさに百科全書的知性ジェファソンの魅力をあますところなく伝えていた。

あまりにも複雑多岐にわたっており、ここにその全貌を要約するのは到底不可能である

---

(1) 米英戦争とも呼ばれる。ナポレオンの大陸封鎖に対してイギリスがアメリカの通商を妨げたことや、イギリスがアメリカ船の船員を強制徴用したことなどが引き金となって、1812年6月、アメリカはイギリスに宣戦布告した。

(2) 本書の第3章「ワシントンの肖像画」を参照のこと。

(3) 1793年着工。ウィリアム・ソーントンが設計。米英戦争のさなか、未完成のまま焼失したが、1818年再び着工され、1827年に完成。1850年代に拡張工事が行われ、ほぼ現在の姿になる。

(4) フランス公使館の書記官フランソワ・マルヴォアの質問への回答として書かれたもので、ジェファソンの唯一のまとまった著作。そこには、ヴァージニアの地理、政治、経済が詳しく

が、その中で一つ、とりわけ私の関心をひいた展示物があった。それは、古ぼけた一冊の書物である。書物の名は、『ベンジャミン・バネカーの暦』。

書物の横の説明書きには、以下のように記されていた。

ジェファソンは、『ヴァージニア覚書』[4]の中で、黒人は白人より知的能力の点で劣っているという差別的見解を記したが、それに対し、黒人の天文学者ベンジャミン・バネカーは、『一七九二年の暦』を添えて、ジェファソンに手紙を送り、黒人は白人より知的能力の点で劣ってはいないと主張した。

手紙とは、一七九一年の八月にバネカーが当時国務長官であったジェファソン[5]に宛てたものである。私は、実際にこの手紙を精読してみたが、それはかなり長文のものであり、礼をつくした、明解な格調高い文体で記されていた。さらに驚くべきことに、この手紙は、ジェファソンの人種的偏見に対する反論だけでなく、黒人の基本的人権、奴隷の解放をジェファソンに対し訴え、要求するという内容を含んでいた。たった一人の黒人が、当時の最高権力者の一人に対し、「自由と平等」を主張するという構図。それも、あのキング牧師[6]の公民権運動[7]の一五〇年以上も前のことである。

手紙の中でバネカーは、ジェファソンが起草した独立宣言に記された諸原理――とりわ

記されている。

(5) ワシントン大統領の政権下、ジェファソンは国務長官をつとめた。マディソンもモンローも国務長官をつとめた後次期大統領となった。

(6) 1929―68。1950年代から60年代にかけて、黒人公民権運動の指導者であった。アラバマ州のバス・ボイコット運動をリードしたことがきっかけで、アメリカ全土に彼の名は知られるようになり、1963年のワシントン大行進の際行われた彼の演説「私には夢がある」は、演説史上、不朽のものと言われている。1968年、メンフィスにおいて暗殺された。

(7) 黒人たちが、選挙、雇用、教育、住居などにおける人種差別に抗議し、白人と同等の権利を要求したアメリカの運動。1963

け「自由」と「平等」——が、黒人に対しては保証されていない矛盾と非道をジェファソンに訴えている。しかも、極めて論理的に、説得力のある形で。たとえば、ジェファソンは独立宣言の中で、「隷属状態」からの「自由」を独立の論拠としているので、当然、同じく「隷属状態」に置かれている黒人も「自由」を与えられなければならないという論法がその一例である。手紙全体が、このような鮮やかな明解な論理によってつらぬかれており、ジェファソンの独立宣言の論理を援用して「黒人の独立宣言」を行うという巧みな展開であるため、単なる直訴・嘆願に終わっていないのである。

バネカーの手紙＝「独立宣言」に対し、数日後、ジェファソンは返事を書いている。その中でジェファソンは、自らの人種的偏見に関しては、それが間違っていたことを認め、また、黒人奴隷の解放の問題については、具体的な回答は避けているが、「私ほど、黒人の心身両面における状況が、本来当然あるべき状態に改善されるような、良い制度の開始を切に望むものはない」と、曖昧ではあるが、「黒人の隷属状態」の不当性と非倫理性について暗に認めた言葉を書き記している（しかし、ジェファソンは、実際には奴隷制廃止に向けて何ら具体的な行動に乗り出すことはなかったのは周知の事実である）。

このように、時の権力者に対して果敢に挑んだ「たったひとりの反乱者」、ベンジャミン・バネカー。フレデリック・ダグラス(8)、ブッカー・T・ワシントン(9)、W・E・B・デュ

年のワシントン大行進においてこの運動はピークに達し、連邦議会は1964年、公民権法を制定した。

（8）1817―95。メリーランド州の黒人奴隷であったダグラスは、20歳のとき逃亡に成功し、その後、北部で奴隷解放運動に従事した。奴隷解放のための新聞等を通じ、奴隷制の廃止を強く訴えた。彼の自伝はすぐれた文学作品として名高い。

（9）1856―1915。黒人の教育の改善、経済的地位向上につとめた運動家。1881年にアラバマ州のタスキーギ・インスティテュートの校長になり、そこを拠点に、黒人の教育の改善に力を入れた。だが、黒人と白人の分離を容認する姿勢は、しばしば「妥協」であると批判され、デュボイスらと激しく対立した。

（10）1868―1963。

ボイス[10]、マーティン・ルター・キングの先駆者とも言えるベンジャミン・バネカーとは、いかなる人物なのであろうか。

ベンジャミン・バネカーは、一七三一年、メリーランド州のボルティモア[11]近くに生まれた。母メアリーは自由黒人[12]であり、父ロバートも若くして奴隷の身分から解放され自由黒人となっていた。バネカー家は、タバコの栽培[13]を主に行い、地道な努力によって少しずつ農地を増やしていった。奴隷に比べて恵まれた境遇にあったとはいえ、自由黒人であったバネカー一家は、白人からは差別され、また自由黒人は少数で、コミュニティーを形成していなかったため、独力で農地を切り開き、白人と社会的関係をほとんど取り結ぶことなく、孤独な生活を送っていた。

幼いバネカーにとって、メリーランドの豊かな自然が唯一の友であり、彼は川や星空を眺めながら、次第に自然に対する科学的関心を持つようになった。

バネカーの祖母モリーは読み書きが出来たため、彼は聖書を通じて祖母から読み書きを学んだ。バネカーが著しく読み書きの才能を示すや、祖母は彼を近くの学校に通わせようと決心した。学校といっても、年に数カ月しか（収穫期の後、冬の間だけしか）授業は行われなかった。それでも、学ぶことが何よりも好きだったバネカーは、この数カ月を心待ちにし、学校では数学を特に好んだ。

社会学者、歴史学者、社会運動家。黒人の歴史、生活を研究した著作を多く発表し、運動家としては、黒人と白人の「完全平等主義」を訴えた。「有色人種地位向上協会」の設立に寄与した。

(11) ワシントンDCのすぐ北に位置する港湾都市。メリーランド州最大の都市。1729年、メリーランドで産出されるタバコの輸出港として建設された。

(12) 自由黒人の多くは、奴隷制度が強固になる前の17世紀に自由を獲得していた。奴隷制度が確立した18世紀になると、黒人は自由を獲得するのがより困難になった。自由黒人の中には、奴隷制廃止運動に積極的に参加するものが多かった。

(13) ヴァージニアとメリーランドは、タバコの栽培を主として栄えた。18世紀になると、タバコは黒人

学校を終えた後も、忙しい農作業をこなしながら、寸暇を惜しんでバネカーは、借りてきた書物を通じて独学で科学的知識を学びとり、付近の住人からも数学に関する相談を受けることもしばしばであった。

二〇歳になると、バネカーは時計にとりわけ関心を抱くようになり、懐中時計を分解して時計の構造を学び、自ら時計を作ろうと決心した。そして、己の数学的知識を駆使して、当時としては極めて精巧な木製の時計を完成した。そのことは、バネカー一家の住んでいた谷間じゅうに知れ渡り、人々はバネカーの時計を見るために彼の住む小屋を頻繁に訪ねるようになり、彼の交友関係も少しずつ広がっていった。

一七七一年、バネカー四〇歳の時に、彼の人生に大きな転機が訪れる。それは、バネカーの生涯の恩人となるエリコット家の人々が、製粉所を建設するため、近所に移住してきたことである。

当時、バネカーの住む地域では、タバコ栽培がほとんどで、製粉所はほとんど建てられてはいなかった。しかし、ボルティモアから一〇マイルという便利な場所に位置していたため、エリコット家は製粉業が多大な利益を生むことを予想してここに移住してきたのである。はじめのうち、エリコット家は自分たちの農地に穀物を栽培し、自給自足で製粉業を営んでいたが、次第に、付近の住民はタバコ栽培のほかに穀物栽培を行い、それをエリコットの製粉所で粉にしてボルティモアで売るようになったため、製粉所は次第に栄える

奴隷を労働力とするプランテーションで主に栽培されるようになった。メリーランド植民地では、18世紀の後半になると、小麦はタバコに次ぐ輸出品となった。

ようになった。

製粉所では、多数の労働者が働き、エリコット家の下宿に住み込んでいた。商売を始めた当初、これら多数の労働者たちの食料をまかなうため、エリコット家の人々は、近所に住むバネカー家に食料の供給を依頼した。そのため、バネカーは頻繁にエリコット家に出入りするようになった。エリコット家は、生活必需品の雑貨商も営んでいたため、そこは付近の住人の「コミュニティーセンター」となっていた。また、そこでは最新の新聞や雑誌が読めるようになっており、郵便局も設置されていた。それはさながら、「タヴァーン」(14)（旅籠屋）のような趣を呈していた。バネカーは、エリコット家にくるたびに、これら新聞雑誌を通じて最新の知識を学びとっていった。また、製粉所の内部を見学し、製粉の科学的メカニズムを実地に研究していった。

数年後、バネカーはとりわけジョージ・エリコットという二〇歳ほど年下の青年と親しくなった。二人の共通の関心は天文学で、バネカーは、エリコット青年の天文学関係の蔵書を借りて熟読し、独学で瞬く間に天文学の知識を身につけたという。

製粉所が忙しくなるにつれて、エリコット青年は天文学に打ち込むことが不可能になると、自分の持っている天文学関係の書物や道具をすべてバネカーに貸し与えた。バネカーはこの日から、毎晩天体を観測し、天体の位置を数学的知識をもとに予測していった。そして、ついには、天体位置表を掲載した己の『暦』を出版するという野心的計画を立てた。

---

(14)「タヴァーン」は、多目的な施設であり、飲食、宿泊はもちろんのこと、地域の情報交換の場所であり、また、さまざまな行事（たとえばダンス）のための舞台を提供した。時には、郵便局を兼ねることもあった。

しかしながら、無名のバネカーが『暦』を出版するのは容易ではなかった。しかも、黒人に対する差別はさらにそれを困難にした。ほとんどの出版社がバネカーの『暦』の出版を拒んだ。そのような困難な状況を見たエリコット家の人々は、バネカーに助力を申し出た。彼らはクエーカー教徒(15)であり、当時クエーカー教徒は奴隷廃止運動に積極的であった。彼らは、奴隷廃止論者の出版人をバネカーに紹介した。奴隷廃止を唱える出版社は、バネカーが『暦』を出版すれば、「黒人が白人よりも知的能力に劣る」という当時の人々の一般的な見解に対する反証となり、奴隷廃止運動の「プロパガンダ」にもなるため、バネカーの『暦』の出版を引き受けた。

ちょうどその頃、バネカーの人生には、『暦』の出版と並ぶ一大転機が訪れる。ワシントンDC建設(16)に際しての測量である。

ジョージ・ワシントンは、首都建設に当たり、ポトマック川付近の一〇マイル四方の土地の測量を命じる。この測量チームの一員に選ばれたのが、エリコット家の一員である、アンドリュー・エリコットという測量技師であった。アンドリューは、従兄弟に当たるジョージ・エリコットを自分の助手にしようとしたが、あいにくジョージは他の仕事で忙殺されており、助手をつとめることが出来なかったため、バネカーを助手として推薦した。アンドリューはこころよく承諾したが、首都の測量チームに黒人を加えるということに対して、政府はかなり難色を示した。しかし、黒人を差別しないクエーカー教徒のアンド

(15) フレンド派とも呼ばれる。ピューリタン的プロテスタントの一派。震えることで霊的体験を表すことからこの名がついた。開祖はG・フォックス。

(16) 本書の第23章「ワシントンDC小史」を参照のこと。

リューは、強い意志をつらぬいて、結局ワシントン大統領(17)の承諾を得ることに成功した。

測量チームは、当時すでに大きな港町であったアレキサンドリア、そしてジョージタウン(18)の「タヴァーン」に宿をとり、念入りに測量の計画を立てた後、一七九一年の冬、ワシントンDCの測量を開始した。現在のワシントンがあるあたりは、当時荒野のような湿地帯であり、しかも冬の気候は氷点下に達することが多く、測量は困難を極めた。とりわけ、齢六〇に達していたバネカーにとって、この仕事は体力的に限界であった。しかし、バネカーの存在なくしては、正確な測量は不可能であった。測量チームは、バネカーの行う天体観測によって、それも正確な時計に基づく天体観測によって、正確な緯度を割り出し、正確無比の測量を行っていった。バネカーはほとんど一睡もせずに、厳寒のなか体中に痛みを覚えながら、数カ月にわたる測量を成し遂げた。春になって、タバコの栽培のため、故郷に帰り着いた後、しばらく病の床に伏していたほどである。

病も癒え、八月頃になると、バネカーは一つの決心をする。それは、冒頭にも記した通り、当時の国務長官ジェファソンに、出版前の『暦』を添えて手紙を書くという勇気ある行為である。これがバネカー本人の意志から出たものか、あるいはバネカーを支援する奴隷廃止論者に促されてとった行動なのかは、いまだ謎である。それらを裏付ける証拠は存在しない。私が推測するに、バネカーは政治的な活動から一人離れて学問の道を極める地道な人であり、手紙の内容である奴隷制廃止(19)の強い主張はそのようなバネカー像からはや

(17) 1732—99。任期1789—97。初代アメリカ大統領。ヴァージニアに生まれる。1775年、独立戦争の総司令官。1787年、憲法制定会議の議長。彼の邸宅「マウントヴァーノン」はワシントン近郊にあり、毎年多くの観光客が訪れる。マウントヴァーノンからのポトマック川の眺めは絶景。

(18) まだワシントンDCがつくられていなかった開拓時代、ポトマック川沿いには2つの町が栄えていた。1つはワシントンの西端に位置するジョージタウン、もう1つはワシントンの南に位置する近郊の町、アレキサンドリアである。これら2つの町の建物は、今でも当時のジョージアン様式で造られているため、われわれはタイムスリップしたような感覚を抱く。

(19) 19世紀になりアメリカで奴隷制廃止運動が盛ん

や不自然に思われる。おそらく、バネカー本人は『暦』を、その科学的な正確さを、誇らしげにジェファソンに示し、人種的偏見・差別のあやまりを正そうとしたというのが実情ではないだろうか。さすれば、奴隷制廃止の強い主張は、エリコット家の人々や、彼らの知り合いの奴隷制廃止論者のアドバイスを受けて書かれたものなのではないだろうか。手紙に『暦』が添えられていると書いたが、実のところは、『暦』に手紙が添えられているといった方がバネカーの本意にそっているのではないだろうか。つまり、バネカーは、長文の手紙でいろいろと論じたてることよりも、「論より証拠」という意図で『暦』を送ったのではないだろうか。

しかし、これらはあくまでも私の推測であり、真相は永遠に謎につつまれたままである。バネカーの『暦』は、一七九一年の暮れに出版された。当時『暦』は、一番よく売れた書物の一つであったが、バネカーの『暦』は中でもとりわけ版を重ねた。彼は、一躍有名人となり、以後多くの人が「名士」バネカーのもとを訪れるようになる。また、バネカーのジェファソンに宛てた手紙とそれに対するジェファソンの返事は、奴隷廃止論者たちのパンフレットとして出回った。奴隷廃止論者たちにとり、「ベンジャミン・バネカー」は格好の「プロパガンダ」となった。が、次第に奴隷廃止運動は下火になった。すると、バネカーの『暦』も売れなくなった。

しかし、バネカーの生活は全く変わらなかった。夜は星を眺め、天体位置表を作り続け、

になったのは、あまりにも有名であるが、18世紀の後半にも、いくつか奴隷制廃止の動きが見られた。その代表例が、1775年、ベンジャミン・フランクリンが中心となってフィラデルフィアで結成された「奴隷制反対協会」である。その後、18世紀末までに、南部を含むいくつかの州に「奴隷制反対協会」がつくられ、1794年にはフィラデルフィアに代表が集まって会議が開かれた。バネカーの『暦』が出版された時期は、このような「第1次奴隷制廃止運動」とも言うべき気運がピークに達した時と重なっている。

一八〇六年、七四歳で静かにこの世を去った。

3 ワシントンの肖像画
——一八一四年八月二四日

二〇〇一年九月一一日、同時多発テロが起きた時、多くの新聞やテレビは、アメリカ本土が（アメリカ外部の勢力によって）攻撃を受けたのは約二〇〇年ぶりのことであると報じた。テロの直後、あの真珠湾攻撃が引き合いに出されたが、それはアメリカが攻撃されたとはいえ、「本土」ではなかった。九・一一まで、アメリカ人の間では、「本土」は絶対に攻撃を受けないという「神話」が支配していたのだ。

しかしながら、実際には、上述したように、アメリカの「本土」は、国が誕生して四〇年にもならない今から約二〇〇年前に、外国勢力によって攻撃を受けているのである。それも、首都炎上という壊滅的打撃をこうむっている。

約二〇〇年前の「本土」攻撃、首都炎上とはいかなるものであったのか。

それは、米英戦争（一八一二年戦争）のさなか、一八一四年八月のことである。その時、アメリカの首都ワシントンは、イギリス軍の猛攻撃にさらされて、灰燼《かいじん》に帰している。

以下の小文は、この約二〇〇年前の「本土」攻撃に関するものである。

*

一八一四年四月、ナポレオンが退位[1]し、ヨーロッパの戦争に一応の終止符が打たれると、アメリカと戦っていたイギリスは、さらなる兵力をアメリカに投入することが可能になった。そして、イギリス軍は、ナイアガラ、ニューオリンズをはじめ各地からアメリカ「本土」に侵入しようと企てた。

そのうち、一八一四年八月、チェサピーク湾[2]に配備されたイギリス軍のロバート・ロス[3]率いる遠征隊は、首都ワシントンに向けて進軍を開始した。

八月一七日、五〇隻以上からなるロスの遠征隊は、ワシントンの南東、パタクセント川河口から船を進め、八月二〇日に河口から数マイルのところにあるベネディクトという町から上陸した。上陸地点としてベネディクトが選ばれたのは、①この地点は波が静かで船が停泊しやすいこと、②ポトマックの難攻不落のワシントン要塞から離れていること、③上陸後、馬の調達が容易であること、という三つの理由からであった。上陸後、イギリス軍はパタクセント川沿いに北へ進軍し、二一日にはノッティンガム、二二日にはマールボロに到達した。兵士らは、長旅の疲れに加え、華氏九〇度[4]近くの蒸し暑さと蚊の大群、そして行く手を阻む深い森に悩まされたが、アメリカ軍の一隊であるジョシュア・バーニーの艦隊から散発的に発せられる砲声を除いては、さしたる抵抗には出くわさなかった。道

(1) 1813年10月、ナポレオン軍はライプチヒで敗退し、フランスに後退した。1814年、対する同盟軍はフランスに侵入し、ナポレオンを退位させ、エルバ島に隠退させた。

(2) アメリカ大西洋沿岸、ワシントンDCの東に位置している。北に深く切れ込む形状をしており、長さ約320㎞。カニをはじめ水産資源が豊富である。

(3) 1766―1814。彼の率いる軍は、かのウェリントン公の指揮下で激戦を勝ち抜いた屈強の経験豊かな一隊であり、経験不足の米軍がかなう相手ではなかった。

(4) 摂氏約32度。

には、木のバリケードが築かれておらず、町には、人の姿は見当たらなかった。

イギリス軍は、ワシントンの東五マイルに位置するブレーデンズバーグを通って、首都を攻略しようとしていた。当時のワシントン周辺の多くが湿地帯であり、この経路には湿地帯がなく、行軍可能であったからである。

八月二三日、イギリス軍はすぐにはワシントンに向けて軍を進めず、一日の大半、マールボロの町にとどまっていた。午後二時、ワシントンに向けて六マイルほど進軍したイギリス軍は、一マイルほど先にアメリカ軍を発見し、戦闘態勢に入るが、すぐにアメリカ軍が退却していったので、進軍をやめ、ポトマック川の東支流[5]沿い、ワシントンから九マイルのところに野営した。

一方、ウィリアム・ウィンダー[6]指揮下のアメリカ軍は、イギリス軍の行軍に関する情報を偵察隊から集め、敵がブレーデンズバーグを通ってワシントンに攻め入ると知るや、ブレーデンズバーグに兵を終結させ、ここに防衛線を張り、イギリス軍を迎え撃とうと準備を進める。

しかしながら、その準備たるや、実にお粗末なものであった。そして司令官のウィンダーは、アメリカ戦史上最も無能な指揮官であると言ってよかった。戦争のイロハも知らない、愚かで臆病な指揮官であった。

一八一四年の七月五日に指揮官に任命されたウィンダーは、全く土地感がなく、七月

---

(5) 現在、アナコスティア川と呼ばれている。

(6) 1775―1824。米英戦争が始まるまで、彼は弁護士としてすでに成功をおさめていた。戦争の勃発とともに大佐になり、ナイアガラ戦線で戦った。その後捕虜になるが、すぐに釈放される。マディソンは、メリーランドの人々の支持と協力を得たいがために、メリーランドで人気があったウィンダーを指揮官に任命した（また、ウィンダーの叔父はメリーランド州知事であった）。戦争後、軍人としては汚名をぬぐうことは出来なかったが、弁護士としてはますます成功をおさめた。

いっぱいかけてワシントン周辺を視察しており、八月に入ってからようやく司令部をワシントンに設けている。この時、のちに戦場となるブレーデンズバーグには、メリーランドの州兵からなる中隊を配備しているだけであった。また、ワシントンとチェサピーク湾の間の通路のどこにも、バリケードや塹壕を設ける指示を出さず、橋の爆破も命じなかった。八月の半ばになっても、兵力の増強を要請せず、ワシントン周辺の防備を固めなかった。八月一八日に、敵がパタクセント河口から侵入したという情報を聞きつけても、ウィンダーは、敵はボルティモアかワシントン南部のポトマックの海軍造船所(7)の方に進軍すると予想していたため、自らは海軍造船所から動くことはなかった。それに対して、それまでイギリス軍がワシントンに進軍してこないと楽観視していた大統領のマディソンは、イギリス軍の進軍の情報を聞きつけるや、周辺の州に対して急ぎ新たな兵の要請をする。一方、市民たちは、自ら兵を組織してワシントンに駆けつけ、また、ブレーデンズバーグに行き、ボランティアで塹壕を掘り防備を固めた。何も行動を起こさないでいたウィンダーは、市民らの行動を知ったのちに、ようやくブレーデンズバーグに作業の監督官を派遣する始末であった。ウィンダーが、戦場となるブレーデンズバーグに行くのは、何と、戦の当日、それも、イギリス軍がブレーデンズバーグめざし進軍を開始したという情報を受けてからであった。

一八一四年八月二四日。正午すぎ、イギリス軍とアメリカ軍は浅瀬の川をはさみ、ブ

---

(7) ワシントン・ネイヴィー・ヤード(海軍工廠)。現在、この中には、海軍博物館があり、独立戦争時から現代までのアメリカ海軍の歴史を学ぶことが出来る。

レーデンズバーグにおいて対峙した。イギリス軍の兵の数は四、〇〇〇。対するアメリカ軍は、七、〇〇〇の兵を擁していた。しかしながら、数において倍の兵力を誇るとはいえ、その内実はじつにお粗末なものであった。召集した兵力は、いまだすべて集まらず、戦場に到達して間もない疲れきった兵士たちは統率されておらず、勇敢さに欠けていた。中央司令部からの明確な指令がなく、個々の隊の指揮官が個別に指揮するというありさまであった。各地から終結した兵の「寄せ集め」と言ってよく、士気に欠けていることに加えて、十分に武装もしていなかった。一方のイギリス軍は、ロスの指揮によって統率がとれており、経験豊富で十分に武装した、実績のある名高い遠征隊であった。ウィンダーの「一夜漬け」の軍隊が立ち向かえる相手ではなかったのだ。勝敗は戦う前から決していた。

午後一時、イギリス軍が橋（爆破されていなかった）を容易に渡って、進軍を開始すると、アメリカ軍の砲兵隊がそれに応じ、戦闘が開始された。アメリカ軍は、三列に配備され、敵を迎え撃った。前の二列は、背後に三列目の軍が配備されていることすら知らないほど、指揮系統は混乱していた。はじめのうちは、イギリス軍の攻撃に耐え、イギリス軍の進軍を阻んだが、イギリス軍が左右両翼から側面攻撃に転じると、前の二列は瞬く間に退却を余儀なくされた。しかも、イギリス軍が放った小さなコングリーヴ・ロケット弾は、炎の尾を引き、すさまじい不気味な音を発して落下してきたため、殺傷力はなかったが、アメリカ軍を恐怖のどん底に落としいれ、この「心理作戦」によってアメリカ軍はパニック状態となり、一気に潰走を始めた。

しかし、例外的な一隊もあった。第三列に位置していた、ジョシュア・バーニー(8)提督率いる水兵らの一隊は、死力をつくして勇敢に戦った。バーニー提督は、味方の兵士が一人も見えなくなるまで、最後まで孤軍奮闘した（彼は捕虜になったが、その勇敢さゆえにイギリス軍に尊敬され、手厚くもてなされたそうである）。イギリス軍とバーニーの一隊の戦いは、ブレーデンズバーグの戦いの中で最も激しく血なまぐさいものであった。

しかし、午後四時ぐらいになると、バーニーの一隊も退却し、イギリス軍の勝利は決定的なものとなった。指揮系統がばらばらのアメリカ軍は、四方八方に潰走していった。

イギリス軍はその後、二時間ほど兵を休め、午後六時頃には再び進軍を開始し、夜の帳が下りる頃、ワシントンの議事堂近くに到達した。そのあたりで、バーニーの水兵からなると思われる一隊に急襲され、ロスの馬が殺されるという損害を受けるが、イギリス軍は難なくアメリカ軍の残党を一蹴し、ワシントンには入らずに、東四分の一マイルほどのところに野営する。

そこからロスを長とする約二〇〇名の一隊は、議事堂に向かった。一隊は、議事堂の周りに火薬を仕掛け、たいまつで議事堂に火を放った。爆音とともに、火は瞬く間に広がり、議事堂はすさまじい勢いで夜空を焦がす火柱と化した。兵士らは、それを見て歓声をあげ、ののしり言葉を放った。それから、一隊は大統領官邸へ向かった。官邸に入ると、そこに

(8) 1759—1818。アメリカの海軍将校。メリーランド州ボルティモア生まれ。D・S・ハイドラー編『1812年戦争百科事典』の中で、彼の軍隊は、この戦いにおいて、「唯一名誉を受けるに値するアメリカ人である」と讃えられている。後にワシントンDCは、彼の武勲を讃えて、短剣を授けた。

は人の姿は見当たらなかった。大統領のために用意された晩餐のテーブルがそのままになっていた。ロスたちはテーブルに着席した。そしてロスの副官であるコックバーン提督[9]は、ワインのグラスを手にとり、次のように言ってあざ笑った。

「ジェミー（ジェイムズ・マディソン）の健康に乾杯！」

それを聞いた一同は腹を抱えて笑い、ワインをこぼしながら飲み干した。

その後、ロスらは再び外に出て、官邸の周りを取り囲んだ。そしてすべての窓から、たいまつを投げ入れ、建物を一気に炎上させた。

大統領官邸に火を放った後、一隊は、国防省、財務省をはじめ、ありとあらゆる公共の建物に火を放った。ワシントンの街は、翌日激しい嵐によって鎮火するまで、燃え続けた。

＊

マディソン大統領は、その頃、ポトマックを渡り、西へと逃走していた。

ブレーデンズバーグの戦闘が開始された直後、マディソンは閣僚らに、逃走を指示し、自らは戦闘の成り行きを見守るため、戦場近くにとどまっていたので、ワシントンに帰り着いたのは午後遅くなってからであった。彼が大統領官邸に入ると、そこには誰一人おらず、妻のドリー・マディソン[10]もすでに立ち去った後であった。ドリーは、マディソンの指示通り、個人の所有物は犠牲にして政府の重要文書を運び出していた。彼女は、午後三時にワシントンを離れるまで、出来る限り多くの文書を運び出そうとしたそうである。また、

(9) 1772－1853。ネルソン提督のもとで軍役に服し、ネルソンの友人でもあった。ウェリントンの指揮のもとにあったロスとネルソンの指揮のもとにあったコックバーンの2人が英軍を指揮していたのだから、米軍が勝てる見込みはなかったと言ってよい。

(10) 本書の第4章「アメリカ社交界の華」を参照のこと。

出発間際、彼女は敵が迫っている危険をものともせず、官邸の宝である、ギルバート・スチュアート作[11]の等身大のジョージ・ワシントンの肖像画を額縁から切り取って運び出した。

マディソンは、静まり返った官邸の中に用意された晩餐のテーブルを見やりながら、官邸を後にした。そして夜になると、ポトマック川をフェリーで渡り、西側のヴァージニア州に逃げのびていった。フェリーから降りて対岸を馬で登ってゆく時、マディソンは振り向き、ワシントンを遠望した。大統領官邸は炎につつまれていた。

＊

かくしてワシントンは一夜にして灰燼に帰した。その後、一時的に、近くにある「オクタゴンハウス[12]」が大統領官邸として使われていたが、官邸は元の場所に再建され、白く塗られて「ホワイトハウス」と呼ばれるようになった。

現在のホワイトハウスはすべて、外部も内部も、再建後のもので、当時の（一八一四年八月二四日以前の）ものは、すべて失われてしまっている。

しかし、たった一つ、一八一四年八月二四日以前のものが、今でもホワイトハウスには残されている。それは、ホワイトハウスの「イースト・ルーム[13]」にかかっている一枚の肖像画である。そう、あの、ドリー・マディソンが命がけで運び出したワシントンの肖像画である。

ワシントンの肖像画。この一枚の肖像画だけが、一八一四年八月二四日の出来事を見て

---

(11) 1755―1828。ロードアイランド州生まれ。イギリスで絵画を学び、肖像画家として成功をおさめる。1792年アメリカに帰国し、歴代の大統領をはじめとして数多くの肖像画を書いた。ワシントンの「ナショナル・ギャラリー」の一室には彼の代表作が常設展示されている。

(12) ホワイトハウスから西に歩いて数分のところ、ニューヨーク・アヴェニュー沿いにある。現在は建築博物館として、一般公開されている。

(13) ホワイトハウスの1階の東端にある。ここでは多くの行事がとり行われる。リンカーンやフランクリン・ローズヴェルトの葬儀が行われた場所であり、ケネディー大統領の遺体が安置された場所である。

いたのである。アメリカ史の重要な一コマの、唯一の証人なのだ。

4 アメリカ社交界の華
――ドリー・マディソン

第四代大統領夫人ドリー・マディソンは、一七六八年、ノースカロライナ州に生まれた。父ジョン・ペインと母メアリー・ペインは、ともにクエーカー教徒であり、九人兄弟の長女として生まれたドロシー・ペイン（通称ドリー）は、クエーカーの規律に倣い、質素で禁欲的な教育を受けた。

ドリーが生まれて間もなく、一家はヴァージニアに移り住み、タバコ栽培のプランテーションを営んだ。しかし、奴隷制度に反対するクエーカー教徒であった彼女の両親は、良心の呵《か》責《しゃく》に耐えられなくなり、一七八三年、奴隷をすべて自由の身分にし、フィラデルフィア(1)に移り住んだ。フィラデルフィアは、当時アメリカ一の都市であり、またクエーカー教徒の占める割合が多かった。ドリーの両親は、フィラデルフィアに着くや、クエーカー教徒の会合、組織に積極的に参加し、クエーカー社会の中で確固たる地位を築いていった。

（1）ペンシルヴァニア州南東部、デラウェア川河口近くに位置する。全米でも有数の大都市で人口は150万人を超える。重要な港湾都市であり、造船、石油精製などが盛ん。ペンシルヴァニア植民地の創設者はウィリアム・ペンであり、ギリシャ語で「兄弟愛」を意味する「フィラデルフィア」という街の名前をつけたのもペンである。「独立宣言」が読み上げられたインディペンデンス・ホールをはじめ、ここには独立革命ゆかりの史跡が多い。フィラデルフィアは、1790年から1800年までの間、アメリカの首都であった。首都がワシントンに遷都された後も、フィラデルフィアは商業の中心地として栄えた。

一五歳になったドリーは、その澄んだ青い目と、豊かな黒髪と、透き通るような肌ゆえに、町じゅうの男性の関心を集めるまでにいたっていた。求婚者は数知れず、道行く人々は彼女を羨望の眼で見つめた。しかしながら、彼女は男たちの求婚にはどれ一つ応じることはなかったという。

そんな中、一家に不幸が訪れる。父ジョンは、フィラデルフィアに移り住んで以来、洗濯用の糊や土地に多額の投資をするが、どれも成功せず、挙句の果て破産宣告を受ける。破産したジョンに対して、規律の厳格なクエーカー社会は冷たく接し、借金の返済能力がないという理由で彼を破門してしまう。

生活手段を失ったペイン家の長女であるドリーは、父の破産のすぐ後、二二歳の時、裕福な弁護士のジョン・トッドとの結婚を決意する。結婚後、二人の子供に恵まれるが、またもや不幸が彼女を襲う。一七九三年、フィラデルフィアで猖獗《しょうけつ》を極めた黄熱病により、夫ジョンと息子の一人が亡くなり、二五にして未亡人になってしまうのである。

夫の死後、彼女は実家に戻り、下宿屋を営む母にかわって一家の面倒を一手に引き受けた。また、クエーカーの会合に積極的に参加し、旧交を温めたという。

当時のフィラデルフィアは、政治の中心であり、ここにはアメリカ全土から多数の政治家が集まってきていた。アーロン・バー(2)もその一人であった。後にジェファソンと大統領職を争い、アメリカ政界の風雲児となるバーは、たまたまドリーの母の経営する下宿に身

---

(2) 1756―1836。アメリカの政治家。弁護士であったバーは、1791年に上院議員、1800年には副大統領になる。しかし、財務長官をつとめたことで知られるアレクサンダー・ハミルトンを決闘で殺したのち逃亡し、また西部連邦樹立の陰謀を企てたことで反逆罪に問われる。裁判で無罪にはなったが、その後失意の人生を送った。

を寄せていたことがあった。そのことが縁で、バーはドリーの一家と親しく交際するにいたっていた。そのバーがある日、すでに憲法制定会議(3)で全国に名が知られていたジェイムズ・マディソンを、ドリーに紹介した。マディソンは、ドリーの美貌に一瞬にして心奪われた。一方のドリーも、同じヴァージニア州で子供時代をすごした共通のバックグラウンドゆえに、次第にマディソンに惹かれていった。そして一七九四年、未亡人になってからわずか一年余りで、ドリーはマディソンと結婚することになる。マディソンは、クエーカー教徒ではなかったため、クエーカーの教団は、以後ドリーを除名する。

マディソンは、ヴァージニア州にモンペリエ(4)という大プランテーションを所有しており、数百人の奴隷を擁していた。結婚後数年して、夫妻はここに移り住み、ドリーは自分の家族をここに呼び寄せた。その持ち前の明るさと美貌で、ドリーはマディソン家の人々を魅了し、彼らの信望を勝ち取り、次第にモンペリエの中心的存在となった。また、クエーカー教徒であった時には厳しく禁じられていた華美や贅沢に対する欲求も、今や、堰を切ったように溢れ出し、ドリーは社交の場ではきらびやかな衣装で登場し、食事や部屋の飾りには贅沢の限りをつくした。そのため、モンペリエは瞬くうちに、地方の社交の中心地となり、そこには著名な政治家らが絶えず訪れるようになった。

一八〇一年、ジェファソンが大統領に就任すると、マディソンは国務長官に任ぜられた。そのため、マディソン夫妻はワシントンに移り住んだ。ここワシントンにおいても、ド

---

(3) 1787年、フィラデルフィアに各州の代表が集まり、憲法制定会議が開かれた。三権分立を明確にした憲法案は、約1年間、憲法擁護派と反対派の間で激しい議論が展開されたのち、1788年、11の州の批准を得て発効された。憲法制定会議において、マディソンは中心的な役割を果たしたため、「合衆国憲法の父」と呼ばれるようになった。

(4) ワシントンDCの南西、車で約2時間のところに位置している。シャーロッツヴィルからは近く、45分程度。モンペリエは、マディソンの祖父の代からマディソン家が所有していた。しかし、マディソンの死後、財政難のため売却された。

リーの社交の才は遺憾なく発揮され、マディソンの邸宅はワシントンの社交場の中心となった。それのみならず、ドリーは、すでに妻に先立たれていたジェファソン大統領の「ファーストレディー」の役割もこなした。大統領官邸（当時はまだ「ホワイトハウス」とは呼ばれていなかった）に招かれた多数の政府要人、各国大使らは、事実上のファーストレディーであるドリーの抗しがたい魅力に心奪われ、また、ドリーの融和的な社交の術に導かれ、大統領と緊密で親和的な関係を築いていった。ドリーは、政治に直接関与することはなかったが、このような「社交術」がどれほど政治の円滑な運営と進行に寄与したかは測り知れないものがあるといってよいだろう。

一八〇九年、三月、マディソンが第四代大統領に就任すると、正式にドリーはファーストレディーに「就任」する。しかし、実質上は、上に述べたような理由で、「三期目」（ジェファソンは二期大統領をつとめた）に入ったといってよいであろう。

「三期目」に入り、実際に大統領官邸に移り住むようになると、ドリーの社交の才はもちろんのこと、その他の才能も十分に発揮される。たとえば、インテリアデザイナーとしての才能。それまで大統領官邸は、どちらかといえば地味な内装であったが、彼女は、カーテン、装飾芸術、家具すべてにいたるまで、細かい指示を出し、官邸内を宮廷のように華美で贅を凝らしたものに一変させた。議会も、彼女の熱意と才覚に心動かされ、特別に予算を組んだほどである。

る。

ドリーの「三期目」と「四期目」には、歴史的な大事件が起こる。一八一二年戦争である。

ドリーは、クエーカー教徒であることをやめたとはいえ、いまだ社交の場以外では簡素な服装を身につけるなど、クエーカーの禁欲的な規律の名残をとどめていた。クエーカー教徒は、奴隷制反対のみならず、戦争にも全面的に反対していた。それゆえ、ドリーの父も母も反戦論者であり、彼女自身も戦争には反対の立場をとってきた。しかしながら、一八一二年戦争の際に、マディソンの「宣戦布告」(5)に関しては異を唱えず、それを全面的に支持した。ここでは、彼女のファーストレディーとしての公人の立場、また、マディソンに対する強い信頼が、彼女の個人的な倫理・見解を凌駕しているといってよいであろう。しかし、彼女は、戦争の悲惨さに対しては誰よりも心を痛める人間であった。その証拠に、一八一二年戦争が終結するや(6)、すぐに戦災孤児のための孤児院の創設に働きかけ、その初代院長に就任している。

ドリーと一八一二年戦争といえば、真っ先に思い浮かぶのが、あの一八一四年八月のイギリス軍の猛攻撃とワシントン陥落に際して見せた、彼女の英雄的行為であろう。事実、この英雄的行為があってこそ、ファーストレディーとしての彼女の名声は不朽のものとなったといっても過言ではない。

一八一四年八月二四日、ドリー・マディソンは、戦火の迫る中、いつものように晩餐の

---

(5) マディソンは1812年6月、イギリスに対して宣戦布告した。国民の多くは戦争を支持していなかったが、一部のタカ派議員の強硬な主張に押し切られ、マディソンは宣戦布告に踏み切った。

(6) 1814年8月、フランダースのガン(ヘント)で英米の和平交渉が始まった。はじめのうちは、現状維持というアメリカ側の条件は拒絶されたが、5大湖付近の戦闘におけるアメリカ軍の大勝利、また長期にわたるヨーロッパの戦争によるイギリスの財政難などにより、しだいにイギリス側がアメリカに歩み寄り、1814年12月、和平条約が締結された。

支度が出来上がるよう、召使たちに細かい指示を出していた。そして、晩餐のテーブルを用意しながら、二階の窓から東の方を双眼鏡で遠望し、戦地に赴いているマディソンの帰りを心待ちにしていた。しかしながら、彼女が双眼鏡を通して見たものは、米軍の勝利どころか、自国の軍隊が総崩れになり、四方八方に散ってゆく悪夢のような光景であった。また、ロケット弾の音は、大統領官邸にまで達し、彼女を不安に陥れた。しかし、勇敢なドリーは、脱出を勧められても頑なに拒み、マディソンの帰りを待ち続けた。

が、マディソンは戻らず、配下の者がドリーに、敵がやってくるので今すぐ官邸を退去するようにというマディソンの伝言を伝えた。これを聞いたドリーは、マディソンの指示通り、重要な文書類をすべて運び出し、ワシントンの肖像画も救い出した。(7)

そして、ジョージタウンを越え、ポトマックを渡り、マディソンと落ち合う場所を目指して真っ暗な道を急いだ。途中、タヴァーンに立ち寄ったが、マディソンの夫人だとわかると、宿泊している人々から、「こんな負け戦をしやがって」と口を極めてののしられたという。なかば追い出されるようにしてタヴァーンを後にしたドリーの一行は、真夏の暑気と蚊の大群に悩まされながら、さらに逃げのびていった。時折彼女は、ワシントンの方を遠望したが、すさまじい爆音とともに、夜空が真っ赤になるのが見えた。

翌日、ドリーは、嵐の中ずぶ濡れになりながら何とかマディソンとの再会を果たし、数日後には、皆の反対を押し切って、いまだ煙の上がっているワシントンに戻ってきた。

---

(7) 本書の第3章「ワシントンの肖像画」を参照のこと。

ワシントンは廃墟と化していた。彼女があれだけ丹精込めて改装した大統領官邸は、周囲の壁だけを残して、無残な姿をさらしていた。このときの光景は、それまでの恐ろしい逃避行のショックと合わさり、彼女の中で一時的にトラウマとなり、しばらく、彼女は人前で泣き出したりするなど、精神的に不安定な時期が続いたという。

しかし、ドリー・マディソンはどんな逆境にも屈することはなかった。大統領官邸の再建を率先して行い、それを見た議会は、再建のための特別予算案を可決した。このような彼女の行動は、アメリカ全体の士気を奮い立たせた。本土を攻撃され、ワシントンが灰燼に帰したことで、すっかり敗戦ムードの濃かったアメリカ人にとり、ドリーがすぐにワシントンに戻り、再建事業を始めたというニュースは何より心の支えであった。そのとき、彼女は、ドラクロワ描くところの女神のような象徴的存在と化したともいえよう。

マディソンの大統領の任期が切れるまで、ドリーは仮の官邸である「オクタゴンハウス」や、その次に移り住んだペンシルヴァニア通り[8]沿いの住居から、再建の進行を見守り続けた。そして、官邸が白一色に塗られて完成に近づいた頃、マディソンは任期を終え、ドリーも「四期」にわたった「ファーストレディー」の職を辞した。そして、再び、モンペリエに帰って行った。

モンペリエに帰ってからも、ドリーは社交界の中心であった。ここには、政府の閣僚や議員が多数訪れた。そして、マディソンの死後[9]、彼女は再び、ワシントンに戻った。国民

---

(8) ワシントンDCにはキャピトル（議事堂）からホワイトハウスの方角に、「ペンシルヴァニア・アヴェニュー」という大通りが走っている。ここでは、大統領就任のパレードが行われる。

(9) マディソンが死去したのは1836年。詳しくは、本書の第1章「七月四日の奇跡」を参照のこと。

的な人気者であるドリーは、民衆たちに手厚く歓迎された。ワシントンに戻ってからは、彼女の邸宅が社交の中心となり、ホワイトハウスをしのぐほどであった。彼女は「半世紀の間ファーストレディーであった」という賛辞を送られているが、これは誇張ではなかったのである。

人々に希望と勇気を与え続け、社交界の華であったドリー・マディソンは、一八四九年七月、独立記念日の興奮の余韻が残る中、八一歳で死去した。死の直前、彼女は姪に次のような言葉を残したという。

「心配しないで！　だって、この世(10)には、本当に心配する価値のあるものなんかないんですから。」

(10) 天上の世界と対比して、「この地上の世界」という宗教的意味あいを含んでいる。つまり、ドリーの言葉を逆に言えば、心配する価値のある事柄は、「この世」ではなく、「あの世」に存在する、という意味になる。

5 海をへだてた南北戦争

南北戦争がアメリカ史における最大の危機であることは、異論のないところであるが、それが「アメリカ外交史における最大の危機」（ヘンリー・アダムズ）であることは、日本ではあまり詳しく知られていないようである。しかしながら、外交的なコンテクストから南北戦争に光を当ててみると、そこには、「もう一つの南北戦争」とも言うべき「戦い」がくり広げられているのがわかる。そのような観点から見てみると、たとえば、名高いアンティータムの戦い(1)もゲティスバーグの戦い(2)も、単なる軍事的勝利であるだけでなく、「外交的な」勝利でもあることがわかってくる。

「もう一つの南北戦争」、それはいかなるものであったのか……。

一八六一年四月、南軍のサムター要塞攻撃(3)により南北戦争が勃発すると同時に、「もう一つの南北戦争」も始まる。

---

(1) 1862年9月17日に行われた戦い。アンティータムはメリーランド州西部に位置する。マクレラン将軍率いる北軍は、ここでリー将軍率いる南軍を打ち破った。

(2) 1863年7月1日から7月3日にかけて行われた、南北戦争最大の激戦。ゲティスバーグは、ペンシルヴァニア州南部に位置する。ここで同年11月、国立戦没者墓地の開所式で、リンカーンは、「人民の、人民による、人民のための政治」という言葉で有名な、「ゲティスバーグ演説」を行った。

(3) サムター要塞は、ノースカロライナ州のチャールストン港に位置する北軍の要塞。1862年4月12日、南軍がここを砲撃し、南北戦争が始まった。

かつてアメリカは、独立戦争の際、フランクリンを中心とした外交使節団の懸命な努力によってフランスと同盟を結び、アメリカの勝利を決定づけたが、南部連合も、それと同じく、イギリスを味方につけるべく、イギリスに外交使節を派遣する。南部連合側には、イギリスが必ず同盟国になってくれるという確信があった。なぜなら、南部側は「綿花」という切り札を持っていたからである。イギリスの産業は、アメリカ南部の綿花の輸入に頼っていたため、もしイギリスが南部連合を支持せず、綿花をアメリカから輸入できなくなれば、イギリス産業全体が大打撃をこうむると考えていたからである。

一方、北部連邦側の外交的努力は、このようなイギリスの「干渉」を阻止するという一点に傾けられる。リンカーンは、ヘンリー・アダムズ(4)の父であるチャールズ・フランシス・アダムズ(5)をイギリス公使に任命し、イギリスの「干渉」を阻止するべくイギリス政府に働きかけるよう指示する。

それに対してイギリス側はどう対応したか? 南北戦争開始後、早くも一八六一年五月に、ヴィクトリア女王は「中立宣言」を発している。しかし、この「中立宣言」は、表面上はイギリス側が南北戦争に「干渉」しないことを示しているが、ことの真相は、南軍が軍事的に優位に立てば「干渉」しようという意図を含むものであり、それまで様子を眺めていようというものであった。実際、パーマストン首相(6)、ラッセル外相(7)、グラッドストン蔵相(8)ら政府の中心人物たちは(とりわけラッセル外相は)、すでにこの時、南部連合を国家と

(4) 1838—1918。アメリカの歴史家。南北戦争の間、イギリス公使であった父チャールズ・フランシス・アダムズの秘書をつとめた。そのいきさつは、彼の代表作『ヘンリー・アダムズの教育』に詳しく書かれている。

(5) 1807—86。アメリカの外交官、作家。第2代大統領ジョン・アダムズの孫。1861年から68年にかけて、イギリスにおいて外交官として活躍した。アダムズ家の2人の大統領である父と祖父についての伝記文学も記した。

(6) 1784—1865。1807年下院議員。1809年、陸軍大臣。その後、外務大臣を3度つとめる。1855—58年と1859—65年、首相であった。任期にある間、クリミア戦争と南北戦争という2つの世界史上の大事件に対処した。

して承認し、ひいては南北戦争に「干渉」して、合衆国を崩壊させようという、以後二年半に及ぶ「陰謀」を企て始めていた。また、世論も、貴族文化中心の南部に対する親近感ゆえに、はじめから南部びいきであった。北部を支持しているのは、当の「中立宣言」を発したヴィクトリア女王など少数の人々であった。

アダムズ公使らは、このような「四面楚歌」の状況の中で、困難な外交を開始した。北部連邦側は、イギリス側の「中立宣言」は、南部連合を「反乱軍」ではなく「交戦国」として暗に認めることになるため、受け入れがたいものだという強硬意見が多数を占めていた。時の国務長官シューアード(9)は、アダムズ公使に対し、南部はあくまでも「反乱軍」であり「交戦国」として認められないため、イギリスが南部の使節と交渉しないようイギリスに強く要求せよという指令を発していた。しかしながら、リンカーン大統領は、賢明にも、アダムズ公使に、このシューアードの強硬策をすべてイギリス側に伝えるかどうかは公使の裁量に任せると伝達したため、公使は私設秘書ヘンリー・アダムズと相談し、熟慮の末、イギリス側に対し強硬な態度をとることを自制した。もしこのとき、シューアードの強硬策をそのままイギリス側に伝えていたら、イギリスにおける反米感情は高まり、南北分裂(ひいては合衆国崩壊)をたくらむラッセル外相らの「陰謀」にとっては思うツボであっただろう。シューアードは、イギリスが「干渉」してきた場合、フランスが北部に味方してくれるという目算を抱いていたようであるが、実際にはこれはたいへんな外交的誤算であった。

---

(7) 1792—1878。1813年、下院議員。1835年、内務大臣。1839年、陸軍長官。1846年—52年、首相。その後、第2次パーマストン内閣で外相となる。パーマストンの死後、再度首相になる(1865—66)。

(8) 1809—98。1832年、下院議員。1843年、商務省長官。第2次パーマストン内閣(1859—65)において蔵相をつとめ、その後いく度か首相の任についた(1868—74、1880—85、1886、1892—94)。

(9) 1801—72。リンカーン政権とジョンソン政権において、国務長官をつとめた。

なぜならフランスは、アメリカ合衆国が分裂・崩壊し、弱体化すれば、アメリカは経済的なライバルでなくなるため、イギリス以上に、南部を支持し、アメリカが分裂することを望んでいたからだ。しかも、ナポレオン三世[10]は、メキシコに帝国を築くというアメリカ大陸進出の野望をひそかに抱いていたため、アメリカが弱体化することは望ましいことであった。それゆえ、シューアドの強硬路線は、アメリカを危機に陥れる自殺行為であった。ひとえにリンカーンとアダムズ父子の英断によって、第一の外交的危機は回避されたのである。

しかしながら、それは外交的な危機の始まりに過ぎなかった。南北戦争の開始後、南軍はブルランの戦い[11]（第一次、一八六一年七月）をはじめとする多くの戦いでめざましい勝利を収め、優勢に立っていた。そのため、イギリス側はますます南部支持に傾いていった。

そんな中、「トレント号事件」が起こる。「トレント号事件」とは以下のようなものである。

一八六一年一一月八日、トレント号という名のイギリスの郵便船が、南部連合の二人の外交使節、ジェームズ・メーソンとジョン・スライデルをイギリスに向けて乗せてゆく途中、北部の軍艦サン・ジャシント号は、トレント号を捕らえ、二人の外交使節を含む四名を強制連行し、監禁した。イギリス側は、これはイギリスに対する侮辱であるとして激怒し、一方のアメリカは、これが正当な行為であるとして賞賛し、英米両国の緊張は一気に

(10) 1808―73。1850―52年、フランス第2共和制大統領。1852―70年、フランス皇帝。普仏戦争でプロイセンに敗北を喫し、退位を余儀なくされた。

(11) 本書の第6章「観られた戦争」を参照のこと。

高まった。このトレント号事件のいきさつについては、著名なアメリカの歴史家であるサムエル・モリソンが、以下のように詳しく記している。

ロンドンの新聞は、謝罪しないなら開戦だと騒ぎたて、ラッセル伯は内閣を代表して、謝罪と使節の釈放を要求する高圧的な抗議文を書いた。さいわい、ヴィクトリア女王の病身の夫プリンス・アルバート（あと二週間の余命であった）がその電文の調子をやわらげ、また、驚くべき神の配剤によって、大西洋海底電信が故障で止まったので、双方の罵声はすぐには新聞に印刷されなかった。十二月十九日にラッセル伯の電報がシューアド長官の手元に届いた頃、北部の人民はイギリスを敵に回すことの重大な結果を恐れ始めていたが、リンカーンはイギリスの脅迫に屈服することの政治的影響を心配した。サムナー上院議員(12)は、クリスマス当日に全閣僚を前にして、大統領がうんと言うまで四時間も熱弁をふるった。それからシューアドが英国公使に「四人は……こころよく釈放する」と伝えた。それはただちに実行された。トレント号事件の暗雲はやっと晴れた。（西川正身監訳）

このように、「驚くべき神の配剤」によって、開戦の危機は回避されたのである。

しかしながら、「トレント号事件」以後も、イギリスの「干渉」の危機はたびたび訪れ

(12) 1811—74。アメリカの政治家。1851年、上院議員となる。奴隷制度反対論者であり、1856年、議会内で他の議員に殴打され重傷を負った事件は、あまりにも有名である。

る。とりわけ、一八六二年六月リッチモンド近郊(13)で行われた「七日間の戦い(14)」で南軍が大勝利を収めて以来、イギリスは南部連合が正式な国家であり、もはや連邦の統一は不可能であるという見方を強める。そしてラッセル外相を中心とする合衆国崩壊の「陰謀」にも拍車がかかる。それに加え、一八六二年八月には、南軍がブルランの戦い（第二次(15)）で再び大勝利を収めたため、九月になると、イギリスは南部支持をいよいよ固め、ラッセルは閣僚の意見の統一を図る。

そんな中、天から降ってくるかのごとく、アンティータムの戦いにおける北軍の大勝利のニュースが飛び込んでくる。

アンティータムの戦いが行われたのは、一八六二年九月の後半であるが、イギリスには、大勝利の知らせは一〇月のはじめにもたらされた。すでにその時、イギリスは戦争への「干渉」を正式に決定する寸前であったのだが、アンティータムの大勝利の報に接して、急に「干渉」にストップがかかる。まさにアンティータムは天の配剤であった。

その後、間を置かず、リンカーンは「奴隷解放宣言(16)」を発布する。これによって、イギリスの革新派、自由主義者たちの間で北軍支持が高まり、イギリス世論も南部支持一色ではなくなり、ラッセルらは「陰謀」を推し進めるのが困難になるのである。

が、いまだ危機がすべて回避されたというわけではなかった。それは、一八六三年に起

---

(13) ワシントンDCの南、約160キロに位置する。1779年より、ヴァージニア州の州都となる。南北戦争では、南部連合の首都となった。

(14) 1862年6月25日から7月1日にかけて行われた、激戦の1つ。リー将軍率いる南軍は、マクレラン率いる北軍に勝利したが、双方に多数の犠牲者が出た。

(15) ブルランでは2度激戦が展開された。2度目の戦闘では、トマス・ジャクソンとリーの連合軍が、ポープ将軍率いる北軍を撃退した。

(16) リンカーンは、アンティータムの戦い後、1862年9月22日に「奴隷解放予備宣言」を発した。その中で、1863年1月1日以降、奴隷の身分にある人々が自由になることを宣言した。そして、1863年1月1日に、リンカーン

きた「レアード衝角艦事件」である。

南部連合側は、イギリスに海軍特使ジェームズ・ブロックを派遣し、リヴァプールのレアード造船所で二隻の装甲艦を建造する密約を結んだ。アダムズ公使は、この軍艦が南部連合に売られるのではないかという疑いを抱き、ラッセル外相に問いただすが、老獪なラッセルは、これは中立国に向けて売るものだと言って、いっこう真意を明らかにしない。彼は、アンティータムの戦いと奴隷解放宣言の後でも、いまだ合衆国崩壊の「陰謀」を断念してはいなかったのである。軍事的援助によって、合衆国の分裂と崩壊を企てていたのだ。

しかし、またしても天から降るかのごとく、北軍大勝利のニュースが舞い込んでくる。一八六三年七月のゲティスバーグの戦いの大勝利である。

ラッセルを中心とする「陰謀」は、ゲティスバーグ以後、完全に挫折する。イギリスの政府、ジャーナリズム、世論は、これを境に北軍支持に転じることになる。また、産業界も、もはや南軍を支持することはなくなった。なぜなら、南北戦争以前には、アメリカの南部の綿花に頼っていたイギリスは、インド、エジプト、ブラジルなど新しい綿花の供給地を見出しており、高騰した南部の綿花よりも格安のこれらの産地の綿花を積極的に輸入したからである。南部はもはや「綿花王国」(17)としても崩壊していたのである。

は「奴隷解放宣言」を発した。この宣言によって、内外の世論はいっそう北部支持に転じた。

(17) 19世紀の前半、サウスカロライナ州からテキサス州にかけて、奴隷制による綿花の大プランテーションが発達した。この広大な地域を「綿花王国」と呼んだ。

こうして、ゲティスバーグ以後、イギリスの「干渉」の危険は完全に去った。

以上が「海をへだてた南北戦争」の小史である。

南北戦争は、一見すると、北部の圧倒的な軍事力と経済力ゆえに、北軍が勝利することは必然的であったと見なされやすいが、当時世界一の大国であったイギリス（場合によってはフランスをはじめとするヨーロッパの列強）が「干渉」することによって、戦局はどうなっていたかわからない。また、イギリスの「干渉」を食い止めたのは、アダムズ公使らの外交的手腕によるよりも、上述した通り、いくつかの「偶然」によるところが多いと言わねばならない。イギリスの「干渉」が決定的になった時に、運良くアンティータムの大勝利の報がもたらされ、「干渉」にブレーキがかかったが、少しでもタイミングがずれていたらどうなっていただろうか……。

こうして「海をへだてた南北戦争」の可能性について思いをめぐらしていると、「偶然」に支配される歴史の空恐ろしさを改めて思い知らされる。

6 観られた戦争 ——ブルランの戦い

私たちは、テレビドラマや映画の戦闘シーンで、しばしば次のような場面に出くわす。それは、戦争を山の上などから見物して楽しむ民衆の姿である。私は、これらの多くは演出上のもので、史実に基づくものではないと思っていた。しかしながら、アメリカの歴史における戦争について調べていたところ、このような状況が本当に存在しており、しかも、見物する者は数人にとどまらず、何百人にも達することさえあるということを知った。

それは、南北戦争の一番最初の戦闘である、ブルランの戦い（第一次）である。ブルランとは、首都ワシントンDCの西南西約二五マイルのところに位置する、ヴァージニア州北部のマナサス近くを流れる川の名前である。ブルランの戦いとは、北軍がつけた呼び名であり、南軍ではマナサスの戦いと呼ばれた。

一八六一年七月末、うだるような暑さの中、ここで行われる北軍と南軍の最初の戦争を見物しようとして、ワシントンDCから、議員や、裕福な紳士、そして婦人らが物見遊山でここにやってきた。彼ら北部人は、北軍がこの戦いで圧倒的な勝利を収め、南軍を蹴散らかす様を見たい好奇心で戦場にやってきたのである。

しかしながら、彼らを待っていたのは、勝利のスペクタクル（見世物）ではなかった。彼ら「観客」が目にするのは、混乱と恐怖と流血であった。いや、彼らは、もはや「観客」でさえなかった。彼ら自身が、観られる者と化してしまうからである……。

南北戦争は、始まってから三カ月ほどの間、長期戦になるとは考えられてはいなかった。北軍と南軍が一戦交えれば、そこで勝敗が決まると予想されていた。北軍の戦略は、海上封鎖[1]と、ミシシッピ川の支配による南部の分断により、南部を降伏させるというものであり、南軍は、攻め入ってくる北軍を待って迎え撃つという防衛に専念する戦略であった。しかし、北部の世論は、このような戦略に反対しており、すぐにも南部に攻め入り、南部連合の首都リッチモンドを陥落させることを求めていた。

北軍の司令官は、軍隊のほとんどが未経験の志願兵であり、今攻め入るのは時期尚早であると反対したが、世論とマスメディアの強い圧力のもと、リンカーン大統領は司令官の反対を押し切って、ブルランへの侵攻を決断した。

南軍は、ブルラン周辺と、さらに西方、ポトマック川上流シェナンドー渓谷に大隊を配備していた。ボーリガード[2]将軍率いるブルランの南軍は、北軍の侵攻が間近であるという

---

(1) 南北戦争開始と同時に、北部連邦は南軍の通商と補給路を断つために、南部の港を封鎖した。それに対して、南軍は「封鎖破り」で対抗した。「封鎖破り」については、本書の第8章「レット・バトラー船長」を参照のこと。

(2) 1818―93。彼は、南北戦争の火蓋を切ったサムター要塞攻撃の指揮官として有名である。

情報をスパイから入手するや、マナサスに司令部を置き、隊を六つに分けて周辺の守りを固め、ワシントンDCへいたる道路には倒木を積み重ねバリケードを築いた。また、シェナンドー渓谷の大隊には、鉄道をつかって急ぎ援軍を派遣するよう指令を送った。

一方、マクドウェル将軍(3)率いる北軍は、進軍を南軍のスパイに知られたばかりか、ブルランへ到着するのに手間取った。なぜなら、未熟な志願兵らは、進軍の途中隊から離れ、ブルーベリーを摘んだり、木陰で休んだりしていたからである。ブルランの北側、センターヴィルという名の町に司令部を築くことが出来たのは、戦闘のわずか数日前というありさまであった。

ブルランには、石の橋が一箇所架かっており、南軍は、橋周辺の防備を十分固めていた。しかし、ボーリガードは、北軍がワシントンDCから続くウォレントン・ターンパイクを通り、この橋を渡り攻め入ってくるとは考えず、東の方、三マイル下流のミッチェル要塞のところでブルランを渡り攻め入ってくると予想していた。そのため、ミッチェル要塞には、多数の兵士を配備した。

マクドウェルは、南軍の防備が石橋の上流二マイルのところにあるサドレー・スプリングスにおいて手薄であることを見出した。それゆえ、次のような作戦を思いつく。北軍が石橋を渡って攻め入るように見せかけ、南軍をその一点に引き寄せている間、一気にサドレー・スプリングスを渡って南軍の左側面から総攻撃を仕掛けるという策である。しかし、

(3) 1818―85。メキシコ戦争で頭角を表し、北軍の指揮官に任命された彼は、アメリカ戦史上、初めて3万人にのぼる大規模な軍隊を任された将軍であった。彼の率いる軍隊ばかりか、彼自身これほど大規模な戦闘には未経験であり、また、当時の報道によると、彼はブルランの戦いを前にして不安と自信喪失にさいなまれていたという。ブルランの敗戦の4日後、彼は解任され、マクレラン将軍が司令官に任命された。

抜け目のないボーリガードは、このような陽動作戦をあらかじめ見破っており、石橋周辺の軍を増強することなく、どこから北軍が攻めてきても迎え撃てるよう、マナサスの司令部周辺に予備の軍隊を多く残していた。

七月二一日、午前九時半、戦闘は開始された。策略通り、マクドウェルは陽動作戦に出たが、それはうまく機能しなかった。すでに述べた通り、軍隊の大半はいまだ未経験の、戦闘のイロハも知らない輩であり、このような陽動作戦を迅速に行うことは不可能であった。南軍の方は、これが陽動作戦であることをすぐに見破り、むやみに攻め入らず、守りの姿勢を崩さなかった。南軍も寄せ集めの、未経験な部隊であったが、南北戦争史の泰斗ブルース・カットンがブルランについて述べたように、「未経験な軍隊は、攻めより守りの方が有利だった」と言えよう。

陽動作戦に失敗した北軍は、すぐさま計画通り、サドレー・スプリングスでブルランを渡り、攻め入った。これを見た南軍は、すぐに、石橋周辺の軍隊と、マナサス周辺の軍隊を送り、北軍と全面的に戦闘を開始した。はじめ、北軍よりも比較的統制の取れていた南軍は互角に戦った。しかしながら、次第に数の上で大きく上回る北軍が優勢になった（北軍が約三万五、〇〇〇、南軍が約二万）。南軍は、鉄道によって援軍を運んでいたが、午前中の戦いでは、いまだ一万の援軍はすべて到着しておらず、苦戦を強いられた。正午近くなると、次第に南軍は北軍に押しやられ、南東の方、ヘンリー・ヒルという名の丘へと退いていった。これを見たマクドウェルは勝利を確信し、北軍をヘンリー・ヒルの丘へと集結させた。

正午をすぎ、敗退した南軍が丘の頂上にたどり着いた時である。そこには、ジャクソン准将[4]率いる援軍が、塹壕を掘って一列に並んでいた。敗退する南部の兵士らは、そこに厳つい形相のジャクソンが、「石の壁」のように立ちはだかっているのを見て、士気を奮い立たせ、再び北軍の兵士に対して立ち向かっていった。すさまじい勢いで丘を下ってくる傷だらけの南軍兵士を見て、北軍の兵士は恐怖にかられた。そして、「石の壁」ジャクソンの率いる一列の部隊から一斉に放たれる砲弾の嵐の中、北軍は総崩れとなり、丘を転がるように退却を始めた。

マクドウェルは兵士らに踏みとどまるよう呼びかけたが、パニック状態に陥った未熟な兵士らは、聞く耳を持たなかった。後のアトランタ攻撃[5]で名を馳せたシャーマン[6]の率いる勇敢な部隊を除いて、全軍は退却し始めた。いまだ制服の色も定まっておらず（戦争が長期化しないと予想していたため、いまだ統一した制服は出来ておらず、しばしば南軍の兵士との見分けがつかなかった）、あたりを覆い尽くす煙で視界がさえぎられていたため、北軍の兵士らは恐怖にかられて同士討ちをし、混乱はさらに増した。彼らは、ワシントンDCに通じる道路に殺到し、司令部のあるセンターヴィルの方角に向かって潰走した……。

（4）1824—63。「石の壁ジャクソン」という愛称は、ブルランの戦いに由来するものである。その後、いくつかの戦いに勝利をおさめるが、チャンセラーズヴィルの戦いで戦死した。

（5）アトランタは、ジョージア州の州都で、商業の中心地である。1964年、シャーマン将軍の「海への行進」と呼ばれる焦土作戦の中で、アトランタは攻略され、灰燼に帰した。その様子は、『風と共に去りぬ』の中で克明に描き出されている。

（6）1820—91。北部連邦の陸軍の将軍であり、南軍分断と南部の徹底的破壊をめざした、サヴァンナに向けての行軍、そして大勝利によって、不朽の名声を得た。

センターヴィル近くでは、ワシントンDCから見物にやってきた人々が、話に興じながら、オペラグラスを片手に、ヘンリー・ヒルの方を遠望していた。しかしながら、立ちのぼる煙のため、戦闘の様子は全くわからず、多少いらだちを覚えていた。正午頃、北軍有利の情報を知らされていたが、その後さっぱり情報がないので、今か今かと知らせを待っていたのである。

その時、ある婦人が、かすかな地鳴りのような音を聞いた。最初幻聴かと思ったが、音は次第に大きくなり、見物客は皆、不安そうに耳をそばだてた。遠く西の方を見ると、黒いしみのようなものが見えた。黒いしみは、瞬くうちに膨れ上がり、嵐のように迫ってきた。人々は、総立ちになり、しばし凍りついたように動きを止めた。そして我に返ると、馬車に向かって駆け出した。

潰走する兵士は、逃げまどう数百人の人々に退路を阻まれ、その場は大混乱となった。馬車は玩具さながら横転し、婦人らの白いドレスは引き裂かれ、血まみれになった。そして、兵士らは、折り重なるように倒れた人々の上を乗り越え、われ先にとワシントンめがけて潰《かい》走していった。

これが、「観られた戦争」、ブルランの戦いの結末である。両軍の死者は、北軍が約二、八〇〇人、南軍が約一、九〇〇人であった。この戦いによって、それまで人々が抱いていた「九〇日戦争」(7)などという幻想は、完全に打ち砕かれてしまうのである。そして、南北戦争は、四年にわたる長期戦へと突入してゆくことになる。

(7) 南北戦争開始直後、人々は、戦争は数カ月で終結するだろうという楽観的な見通しを抱いていた。そして、ブルランの戦いに勝利した側が南北戦争の勝利者になるだろうと思っていた。

7 C・S・Aの紙幣

『風と共に去りぬ』(1)の第三部、南北戦争末期を描いた部分に、スカーレットが北軍の略奪兵を撃ち殺すという下りがある。スカーレットが死んだ兵士の所持品を探ると、革の紙入れを発見する。その紙入れの中には、以下のようなものが入っていた。

そこには、たくさんの紙幣、北部連邦のグリーンバック紙幣と南部連合の紙幣、そして光る一〇ドル金貨一個と五ドル金貨二個がごたごたに詰め込まれてあった。

ここには、南北戦争当時流通していた三種の通貨が記されている。一つは、金貨に代表される正貨であり、これは南北戦争以前からあったものである。二つ目は、グリーンバック紙幣(2)であり、これは北部連邦が初めての合衆国統一紙幣として発行したものであり、今日のドル紙幣の祖となったものである。三番目の「南部連合の紙幣」とはいかなるものか。

---

(1) マーガレット・ミッチェル(1900―49)の長編小説。主人公は、スカーレット・オハラ。この作品は、スカーレットが、南北戦争という激動の時代に翻弄されながら、力強く生き抜いてゆくさまを描いており、ラブロマンスであり、かつ、歴史ロマンでもある。1936年出版。1937年、ピューリッツアー賞受賞。1939年に映画化された。スカーレット役はビビアン・リー。相手役のレットは、クラーク・ゲーブル。

(2) 南北戦争のさなか、1862年に発行されたアメリカ財務省の紙幣。紙幣の裏側が、耐久性の強い緑色のインクで印刷されていたことから、「グリーンバックス」と呼ばれるようになった。

今日ではもはやほとんど忘却され、われわれ日本人にとっては全く知られていない紙幣である。資料や研究書も少なく、その全貌を知ることは極めて困難のように思われる。

私は、『風と共に去りぬ』を読んでいて、この下りのみならず、随所に「南部連合の紙幣」(とりわけその価値の下落)についての記述を見出し、かねがねこの紙幣について知りたいと思っていた。そこで、文献を調べてみたのだが、現在入手できるものとして、数冊の書があることがわかった。

まずはじめに、ポール・ヴァーンズ著『南部連合通貨』。これは南北戦争中義理の父親を殺された少年の復讐の物語であり、その復讐のドラマと平行して、商才にたけた主人公が、南部連合の紙幣を手にしてはそれが下落する前に正貨に兌換してゆくという抜け目のないストーリーが展開する。その中で、はじめは正貨とほぼ同じ価値を持っていた南部連合の紙幣が、アトランタ陥落時には、正貨の二八分の一の価値しか持たなくなり、戦争終結時には、八〇分の一の価値へと下落してゆく様が記されている。

二冊目は、アーリー・R・スラボー編著『南部連合紙幣』。これは何度も版を重ねるうちに、増補されたもので、おそらく南部連合紙幣に関する最も網羅的でわかりやすい入門書である(また、実際どの種類の紙幣に現在いくらの値がついているかについても詳しい情報が記されているため、南部紙幣のコレクターにとっての案内書でもある)。

三つ目は、『南部連合の贋金』という一風変わった趣の書である（ジョージ・トレンメル著）。アメリカにおいて、贋金は南北戦争のずっと前から流通し、政府を悩ませてきたが、とりわけ、粗雑で安易な印刷技術によって生み出された南部連合紙幣の偽札が多数出回ったそうである。一説によると、発行された紙幣の全種類の八割までが偽造されたという。

最後に、ジョン・ゴッドフリー著『南部連合における通貨発行の増大』。これは、南部連合の通貨の発行数に関する最も正確な研究であり、通貨発行の増大と物価の上昇の相関関係を記している。

第一の書は小説であって、誇張と脚色がほどこされ、資料としてはやや信用性と正確さに欠けると思われるため、ここでは詳しく取り上げないことにする。しかしながら、あとの三冊は、いずれも数多くの一次資料をもとに南部連合の紙幣について論じた、熱のこもった労作である。

以下に記す南部連合（The Confederate States of America＝略してC・S・A）の紙幣の小史は、これら三つの先駆的な研究書に多くを負っている。

最初の南部連合紙幣は、南北戦争が始まる直前、一八六一年三月にアラバマ州[3]の州都モンゴメリー[4]で発行されている。五〇ドル以上の高額紙幣が発行され、発行数は上限一〇〇万ドルとなっている。印刷は主として北部の熟練工によってなされ、印刷方法は凹版印刷

（3）アメリカ南部の州（ジョージア州とミシシッピー州の間にある）で、南西部はメキシコ湾に臨む。綿花の栽培で発展し、現在は州の最大都市バーミンガムを中心に工業が発展している。

（4）アラバマ州の中部に位置する。人口は約20万。アメリカ南部連合はここで結成され、最初モンゴメリーが南部連合の首都となった。その後、南部連合の首都はリッチモンドに移された。キング牧師の「バス・ボイコット運動」の拠点としてあまりにも有名。

である。当時、北部にはいまだ南部に共鳴する者がいたため、南部紙幣の印刷を進んで行う者が数多くいたそうである。

しかしながら、一八六一年四月、南北戦争の勃発とともに、事情は一変する。北軍は、北部の州の印刷所にある南部紙幣の凹版を没収し、また、南部と北部の自由な行き来が困難になると、南部連合は南部の印刷所で紙幣を印刷せざるを得なくなる。そこで、特にニューオリンズの印刷業者を中心に、紙幣の印刷が行われる。

しかし、南部連合は、戦争開始から二年間は、北部連邦とは対照的に、増税によって戦費の増大に対処せず、公債と紙幣を多量に発行することで対処しようとしたため、ニューオリンズの印刷所の少数の熟練工にだけ頼っているわけにはいかなくなる。そこでヨーロッパの熟練工を多数呼び寄せることにするが、彼らがアメリカに到着するまでには時間がかかるため、凹版印刷ではなく、石版印刷で大量に印刷するという急場しのぎの策を考え出す。こうして、二、〇〇〇万ドル近くの紙幣の発行を可能にする。また、紙幣に署名する担当官があまりにも少数であったために、紙幣の発行数が増えるにしたがって、署名する人間の数も増やしてゆく。これらはすべて窮余の一策で、一時的にとられたものであったが、以後、ますます紙幣の発行が増えるにつれて、恒久化し、戦争終結まで続く。

一八六一年七月のブルランでの南軍の圧倒的勝利のニュースがもたらされると、南軍の勝利に対する南部の人々の確信が高まり、南部紙幣の印刷にも拍車がかかる。一億ドルを上限として南部紙幣が発行される。また、それまでは、「北部と南部の平和条約締結から二年後に正貨に兌換する」とされていたが、南軍の勝利以降、「平和条約以後六カ月後に正貨と兌換する」という取り決めに変わり、南部連合紙幣に対する信頼性は高まる。

しかし、この頃になると、新たな難問が生じてくる。紙幣の素材である紙の供給量が減ってくるのである。戦争が始まるとともに、北部からの紙の供給が途絶えるため、南部は紙を輸入しなくてはならなくなるが、それも北軍の海上封鎖により、困難になる。「封鎖破り」(5)によって、いくらかは輸入できたが、それも微々たるもので、結局、粗悪な素材に頼らざるを得なくなる。綿くずを原料として、紙幣の増刷に対処したという。パルプをもとに紙を生産することは、当時南部では一般化しておらず、紙以外の素材に頼らざるを得なかったのである。

また、もう一つの難問も頭をもたげてくる。偽札の横行である。戦争開始当初は、印刷術が精巧を極めており、紙の質も良かったので、それほど偽札は出回らなかったが、印刷術が石版に変わり、紙の供給がストップし原材料が粗悪になるにつれて、多数の偽札が出回り始める。それも、組織的な偽造グループが多数出現し、南部連合政府(6)を悩ますようになる。

政府は、偽札対策の一つとして、紙幣の印刷の統一という策に出る。一八六二年一二月には、実際、一つの業者にだけ印刷させ(小額紙幣を除く)、初めて南部連合の統一紙幣を

(5) 本書の第8章「レット・バトラー船長」を参照のこと。

(6) 連邦を離脱した南部諸州は、1861年2月、アラバマ州モンゴメリーで南部連合を樹立し、新しい憲法を定め、ジェファソン・デーヴィスを大統領に選出した。

(7) 1777—1852。ヴァージニア生まれの政治家。1806年、上院議員。1811年、下院議員。1823年、下院議員議長。1825年、ジョン・クインシー・アダムズ政権のもとで、国務長官をつとめた。2度にわたって、大統領選に立候補したが敗北した。1831年、49年にも上院議員に選出されている。

(8) 1811—94。1842年、下院議員。1853年、上院議員。南部連合政府において、陸軍長官(1861—62)、国務

発行するにいたっている。ここで、少しそれらの具体例を眺めてみよう。

一ドル＝クレイ上院議員[7]の肖像。二ドル＝南部連合政府の閣僚の一人、ジュダ・ベンジャミン[8]の肖像。五ドル＝閣僚の一人で、紙幣発行の責任者である財務省長官、C・G・メミンガー[9]の肖像。二〇ドル＝南部連合副大統領アレクサンダー・スティーブンズ[10]の肖像。五〇ドル＝南部連合大統領ジェファソン・デービス[11]の肖像。

一八六三年四月に発行された南部連合紙幣は、デザイン的には、一八六二年一二月のものと同一である。しかし、一つの点で、南部連合が次第に衰退していることを物語っている。それは、兌換の時期についての記載である。ブルランの勝利以後は、南部連合の勝利に対する確信と、経済力に対する自信ゆえに、「北部と南部の平和条約から六カ月で兌換」と記されていたのに、ここでは再び、「二年で兌換」と書き改められている。

一八六四年二月になっても、南部連合紙幣の発行は続く。ここでも、デザイン的には前回の発行と同一であるが、インクの色がやや異なっている。たとえば、五〇ドル紙幣（ジェファソン・デービス）に使われていたグリーンのインクは、ピンクのインクに変えられている。これは、グリーンのインクが戦争の末期に入手出来なくなったことを物語っている。戦争末期には、インクの代わりに、ブドウの絞り汁を用いることすらしたそうである。

南部紙幣の発行の増大と物価の相関関係についてはどうだろうか。戦争開始から二年ほどは、南部紙幣の発行が増えるにつれて物価もそれに比例して上昇していった。しかしな

長官（1862―65）をつとめた。

(9) 1803―88。サウスカロライナ州議会議員（1836、54、77）。1861―64年、南部連合政府財務長官。

(10) 1812―83。1836年、ジョージア州議会議員。1843年、連邦下院議員。南部連合樹立後、副大統領をつとめたが、敗戦の後、投獄された。しかし、1866年に上院議員に選出され（登院は許可されなかった）、73年に下院議員、そして、82年にはジョージア州知事に選ばれた。

(11) 1808―89。在職1861―65年。メキシコ戦争をはじめ7年間軍隊生活を送った。1847年、上院議員。ピアス大統領のもとで陸軍長官をつとめた。南部連合政権では、スティーヴンズら州権論者

がら、一八六三年の半ば、ちょうどゲティスバーグで北軍が圧倒的な勝利を収め、南軍の敗北が濃厚になる頃から、物価は、紙幣の発行の増大を上回るペースで上昇し始める。ジョン・ゴッドフリーの研究によると、それは以下のようなものである。一八六一年一月の紙幣発行数と物価をそれぞれ1・0とした場合、一八六三年四月は紙幣発行数が12・9で物価が11・8。ところが、ゲティスバーグ以後の一八六三年一〇月には、前者が17・3で後者が18・8と逆転し、何と戦争末期の一八六五年一月には、紙幣発行数が18・3で物価が58・2となっている。このように物価が上昇したことの大きな要因としては、物資の供給が途絶えたことによるインフレと、人々が下落する紙幣を急いで商品に変えようとしたことによる流通紙幣の増加があげられる。

南部連合政府は、戦争末期になると、紙幣の供給が引き起こす物価の上昇を恐れて、発行数に制限を設けようとするが、それも焼け石に水、すぐに戦費の増大に際し、またもや紙幣の増刷を行い、物価は天をつく勢いで上昇してゆく……。

こうなってくると、もはや、はじめこの小史の文献からはあえて除外した小説『南部連合通貨』にも再度ご登場願いたいところである。小説には、アトランタ陥落時、紙幣の価値が二八分の一になり、終戦時には八〇分の一になり、さらに一カ月すると一、〇〇〇分の一になったと、かなり誇張して描かれているが、当時の南部の人々にとって、南部紙幣はまさに紙くず同然に思えたであろうから、決してこのような価値の下落は誇張ではな

と意見が対立し、またデーヴィスの独裁的な傾向は、南部連合の内部でも批判の対象になり、南部連合の分裂を深めた。戦争終結後、逮捕され、反逆罪に問われたが、1867年に釈放された。著書に、『南部連合政府の興亡』（1881）がある。

かったのだ。

また、『風と共に去りぬ』の最初に引用した下りも、改めて読んでみると、違った印象を呼び起こすように思われる。死んだ兵士の紙入れに入っていた南部紙幣は、紙くず同然に見え、その中に混じっていた金貨こそ、実際の価値以上に、光りかがやいているように見える。

8 レット・バトラー船長——封鎖破り

レット・バトラーという名は、『風と共に去りぬ』のスカーレット・オハラのラブ・ロマンスの相手役としてあまりにも有名である。そのヒロイズム、ダンディズムは、クラーク・ゲーブル[1]によって完璧と言っていいほど見事に演じられ、レットの名は世界中で知られるようになっている。

しかしながら、彼には意外と知られていない面がある。それは、彼が南北戦争中に行っていた「封鎖破り」である。

レットはアトランタで開かれたパーティーにおいて、南軍に対する北軍の海上封鎖を果敢に突破し、南部に物資をもたらした救世主、英雄としてたたえられている。「封鎖破り」のレット・バトラー船長は、戦争が始まって以来、リッチモンド、チャールストン[2]、ウィルミントン[3]とリヴァプール[4]（もしくはカリブ海の港町ナッソー[5]）の間を頻繁に行き来している。彼の生まれ故郷チャールストン沿岸部の地形を知りつくしているゆえに、夜でもたや

（1）1901—60。1931年の映画「惨劇の砂漠」で初めて主演し、一躍有名になる。そして、『風と共に去りぬ』（1939）のレット・バトラー役で世界的なスターになる。彼が出演したその他の主要な作品としては、『荒馬と女』（1961）がある。

（2）サウスカロライナ州の大西洋沿岸の港湾都市。南北戦争は、この町の沖にあるサムター要塞に対する南軍の攻撃で始まった。この町は、南軍にとり、「連邦脱退の揺籃」としての象徴的な意味合いを有していた。そのため、北軍のチャールストン攻撃（1863年4月に始まる）に対し、南軍はサムター要塞を死守し、要塞は1865年2月まで陥落しなかった。

（3）ノースカロライナ州南東部、大西洋沿岸の港湾都市。独立革命後、この町は貿易港として栄え、南北

すく沿岸部に入港することが出来る、と記されている。彼はスカーレットの前から時折姿を消し、再び現れるごとに大金持ちになってゆく。また、リヴァプールには多額の金を蓄えている様子である。小説においては、これらの事実が断片的に記されている。レットは、ロマンスの相手役としてはあまりにも明らかである反面、不在の時に行っている活動は、あまりにも謎めいている。

私は、『風と共に去りぬ』を読み返すたびに、このような「封鎖破りレット」の存在が気になっていた。それゆえ、アメリカ史の南北戦争の下りを読むごとに、レットの行っている「封鎖破り」とは何なのかを注意して読むようになった。

たとえば、海軍史にとりわけ詳しいサムエル・モリソンの『アメリカの歴史』の次のような記述。

突破船は月のない闇夜を選んで、封鎖艦隊の間をくぐりぬけて海岸近くに忍び入り、浅瀬の水域は明かりを消したまま低速で通り、入り江か港の沖に達すると石炭をどんどんくべて、多くは南軍の砦の陰にかくれながら港に突入するのであった。追跡されて砲撃を受けると、わざと浅瀬に乗り上げて、積荷だけ引き揚げた。その利益は莫大であったので、一回の航海に成功すれば、船の値段など十分に償えたのである。……

戦争時には州内最大の都市であった。ウィルミントンの堅固なフィッシャー砦は、「封鎖破り」の拠点となった。そして、この砦は、南北戦争の終結直前まで陥落しなかった。

(4) イギリス北西、マージーサイド州にある港湾都市。イギリス第2の貿易港。

(5) 西インド諸島北西部にあるバハマ諸島の首都。ナッソーは、バハマ諸島のニュー・プロヴィデンス島にある。現在は世界的な観光地として知られている。

封鎖破りによって、南部は武器と消費物資の両方を手に入れたが、それは十分とは言えなかった。というのは、突破船は積載容量が少ない上に、その大部分は、一トンの積荷で三百ドルから千ドルになる高価な贅沢品で占められていたからである。乗組員の生活も派手ではあったが、寿命も短かった。船長は一往復の航海に対して金貨で最高五千ドルの金を支払われたが、平均して、捕獲されたり座礁したりするまでに四回半くらいの航海しか出来なかった。（翻訳監修＝西川正身）

このような箇所を読むと、チャールストンの沿岸部の地形を知りつくしているレットが、見事に「封鎖破り」に成功する様がまざまざと思い浮かぶ。また、レットが、リヴァプールに金貨を大量に貯金している理由もうなずける。さらに、レットが何十回と「封鎖破り」を繰り返している様子から、いかに彼が「不死身の英雄」と見なされているかがわかるのである。

私は、「封鎖破りレット」の実像を知りたい一心から、アメリカ史における部分的な記述では満足できず、さらに「封鎖破り」関係の研究書を調べてみた。すると、一冊、これぞ決定版とも言うべき研究がすでに書かれていることを知った。書物の名は、スティーブン・R・ワイズ著『南部連合の生命線——南北戦争時代の封鎖破り』。これは、論述の明解さと綿密な実証という点で、一頭地を抜く研究書であり、しかも、単なる学術書ではなく、歴史文学の物語性を具えている。私は、平明な文体と緻密な構成に誘われるがままに、この本を通読した。そして、これこそ、今まで疑問に思ってきた「封鎖破りレット」の「解答と解説」であると確信するにいたった。小説において示される断片的な情報は、この書の中で結びつき、鮮やかな一枚の絵を描き出してくれたのである。

ここでこの本の内容をすべて紹介したいところだが、それは紙数に限りがあり不可能である。本章では、その中から、「封鎖破りレット」を知る上で最小限必要と思われる箇所を要約してみたい。

一八六一年四月、南北戦争が勃発すると、すぐにリンカーンは南部の海上封鎖を命じる。しかしながら、南部諸州の沿岸部すべてを封鎖するのは到底不可能であったため、南部の港湾都市に重点をおいて海上封鎖を行う。南部は、生活物資と軍需物資は自給自足できなかったため、北部の海上封鎖を突破してヨーロッパから物資を輸入するしか方法がなくなってしまう。

そこで南部連合は、高速の蒸気船で、夜間に封鎖を突破し、直接ヨーロッパ（イギリスが主）と貿易するという策を打ち出す。封鎖破りの船舶は、南部連合が直接に所有するものもあったが、大多数は、貿易会社（たとえば、チャールストンに基盤を置くジョン・フレーザー・アンド・カンパニー）が所有する船舶であった。これらの会社は、チャールストン、リッチモンド、ウィルミントンなど大西洋岸の南部の港湾都市とリヴァプールの間で、「封鎖破り」の船長に依頼し、交易を行った。

南北戦争が始まって半年ほどは、北部の封鎖も強固なものとはなっておらず、比較的大きな船舶でも北軍の封鎖を突破することが可能であった。また、戦争初期において、南部は、海上封鎖によってイギリスに綿花が輸出されなければ、イギリスの綿工業は大打撃を受けると仮定し、すぐにイギリスが南部の同盟国になると確信していたため、封鎖によって物資の輸入が途絶えても、それは一時的なものだと楽観視していた。

しかし、北軍の封鎖がより厳しくなると、大型船は封鎖を突破することが不可能になり、小型船に切り替えなければならなくなる。が、ヨーロッパから小型船で物資を運ぶことは、非能率的でコストがかかり、そのうえ極めて危険である。また、頼りにしていたイギリスは、中立を宣言し、南部の同盟国になろうとはしない。(6) このような困難な状況をどうやって打破したらいいか。

そこで考え出されたのが、「封鎖破り」の第二の方法である。それまでは、南部とヨーロッパが直接交易していたのだが、この第二の方法は、間接的な交易である。それは以下のようなものだ。まずは、主としてリヴァプールからカリブ海のイギリス植民地(7)にイギリスの船舶を名乗って物資を運ぶ。そして、ここで、南部から封鎖を突破してきた複数の小型船に物資を積みかえ、これら小型船は再び封鎖を破って南部の港湾都市に入り、そこか

---

(6) 本書の第5章「海をへだてた南北戦争」を参照のこと。

(7) カリブ海の主なイギリス植民地には、ジャマイカ、バルバドス、ドミニカ、トリニダード、トバコ、セント・ルシア、アンティグア、グレナダ、セント・キッツ、セントセラト、セント・ヴィンセントなどがあった。

ら鉄道や運河によって内陸部に物資は運ばれてゆく。イギリス植民地の中継基地には、ナッソーが選ばれた。なぜかというと、ナッソーは、とりわけチャールストンなど南部の港湾都市に近いところに位置していたからである。この間接的な「封鎖破り」は、かなりの効力を奏した（とはいっても、三分の一の物資は封鎖を突破できなかったそうである）。

『南部連合の生命線』をこのように要約すると、この書の一番の魅力であるエピソードの具体性と軽妙な語り口が失われてしまい、実に残念である。しかしながら、『風と共に去りぬ』を読んだことのある人なら、「レット・バトラー船長」の具体的なイメージが浮かぶのではないだろうか。つまり「解答と解説」はこうである。会社の依頼を受けたレット・バトラー船長は、戦争当初は、ヨーロッパと南部を直接行き来する船舶に乗って「封鎖破り」を行ったが、戦争が激しくなるにつれて、ナッソーと南部の港湾都市との間で、間接的な「封鎖破り」を行い、「南部連合の生命線」となっていたのだ。彼が小説の中で、戦争当初はヨーロッパにだけ行っていたのに、次第にナッソーと行き来するのは、「封鎖破り」の歴史的事実に見事に符合していると言えよう。

しかし、こうしてレットを歴史的な文脈の中に引き入れてしまうと、何だか神話的で、ヒロイックなレットを矮小化し、等身大の人物にしてしまうような感じがする。ここまで調べてきた私が言うのも矛盾しているようだが、やはりレットは、歴史的な事実に還元されない、小説の神話的な海を、永遠に航海し続ける「船長」であってほしいような気がする。

9 女たちの反乱
――リッチモンドの「パン騒動」

ここに一枚の銅版画がある。リッチモンドの「南部連合博物館」(1)に所蔵されているもので、「フランク・レズリーの絵入り新聞」(一八六三年五月二三日発行)の挿絵である。

画面の中央には、黒いドレスを着た痩せた女が、左手に拳銃を持ち、裸足で立っている。髪を振り乱し、口を真一文字にし、怒りの眼を上方に向けている。その左側には、魔女のような顔をした女が、うずくまるように座っている。眉間に深く皺を刻み、右手には大事そうにパンを抱えている。画面の右には、おびえたような顔をした黒人の少年が描かれている。彼もパンを抱えており、今にも逃げ出そうとしているかのようだ。これら三人の人物の背後には、労働者階級に属すると思われる、多数の女たちの姿が描かれている。彼らは皆、怒りのこぶしを振り上げ、わめきたてている。ミイラのような女、死にそうな赤子を抱いた女、殺到する女たちに揉まれて放心状態になっている女、そして、棍棒を振り上げる女。彼らの視線は、一点に集中している。「パン屋」と書かれた看板に。パン屋の正

(1) この博物館は、かつては南部連合大統領ジェファソン・デーヴィスの官邸であった。1890年、この建物は、ベル・ブライアンを中心とする女性グループの強い働きかけにより、文化遺産として保存されることが決まり、1896年には歴史博物館としてオープンした。南部連合博物館は、南北戦争に関する1万5,000点もの資料を保有している。

面のガラスは、すべて割られている。右側の入り口から、影のような群集が殺到している。そして、入り口の上には、次のような文字がかすかに記されている

Ｎｅｍｅｓｉｓ（復讐の女神）

この銅版画は、一八六三年の四月二日に、南部連合の首都リッチモンドで起こったある暴動を描いたものである。それは、米騒動(2)ならぬ「パン騒動」という名の事件である。

＊

一八六三年、春。南部連合の食糧不足は深刻な事態を迎えていた。

もともと南部は、綿花やタバコが中心のモノカルチャー農業を行っており、米(3)を除いては、主要穀物の多くを北部や外国からの輸入に頼っていた。戦争で北部との貿易が途絶えると、「封鎖破り」によって急場をしのいでいたが、それも一八六三年の春頃になると、多くの港が北部に占領され、「封鎖破り」によって輸入できる食料が減り始めた。

また、戦争が激しくなるにつれ、兵士の数が増し、軍に供する食料を優先しなくてはならなかったため、市民たちの食料はますます不足した。それに、男たちが兵隊にとられ、主要な労働力を失ったため、農場における生産力は低下する一方であった。

食料の供給が激減すると、食料品の物価は高騰し、とりわけ貧しい人々は生活の糧を奪

(2) 江戸時代からたびたび米騒動は起こったが、特に有名な1918年の米騒動では、富山県魚津町の女性たちが騒動の火付け役となった。

(3) とりわけ、サウスカロライナ州では、米が第1の輸出用作物となっていた。

われた。戦争が始まった一八六一年四月の物価指数を1・0とすると、一八六二年の一〇月は5・3。一八六三年一月は7・6。そして一八六三年の四月には11・8となり、特に一八六三年の初めに急騰していることがわかる。また、商人たちの買い占めや、投資による「金」の高騰と並行する穀物価格の上昇によって、さらに物価は上昇し、需要の特に多い都市部では、これら平均物価指数を上回っていたことが推測される。

リッチモンドに焦点を当ててみると、事態はいっそう深刻であった。リッチモンドを州都とするヴァージニア州のいたる所が戦場となり、農地は荒廃し、リッチモンドへの食料の供給は著しく減った。また、農民の多くが、田畑を捨て、リッチモンドに流れこみ労働者となった。それに、リッチモンドが南部連合の首都であるため、南部連合政府関係の仕事を求めて、人々がリッチモンドに殺到し、一八六一年から六三年の間に都市人口は激増した。それにより、食料は不足し、さらに食料価格は上昇し、しかも、労働力の過剰により、賃金は据え置きだった。

リッチモンドの食糧不足をあおった要因として、さらにあげられるのが、一八六三年の異常気象であった。この冬は、リッチモンド周辺の積雪量が多く、春になって解けた雪が道路をぬかるみにし、交通を遮断したため、一時的に食料の供給がストップしてしまったのである。これらに加えて、北軍の戦略の変化も食糧不足の一因となった。北軍は、リッチモンド周辺の農地を占領し、リッチモンドへの交通路を断つという戦略に出たため、リッチモンドは兵糧攻めのような状態に置かれたのである。

　さらに、リッチモンドの階級差に光を当ててみよう。リッチモンドには政府要人をはじめ、上流階級の人々が多く住んでおり、彼らの暮らしはこの時点では比較的豊かだった。多額の資産に物を言わせて、食料を手に入れていた。しかし、リッチモンドの人口の多数を占める労働者階級の暮らしは悲惨であった。低賃金と物価の高騰（たとえば、小麦は一バレル(4)四〇ドル、ジャガイモは一ブッシェル(5)一二ドル、ベーコンは一ポンド約二ドル、バターは一ポンド三ドル）のため、その日のパンにも事欠く状態であり、また、男たちを軍隊にとられた女たちは、男たちよりも低賃金で働かねばならず、兵士の給与はすずめの涙ほど（一兵卒の場合月給一一ドル）で、生活はますます苦しくなった。

　これら、長期的な、あるいは短期的な食糧不足の要因によって、一八六三年の春には、リッチモンドの労働者は餓死寸前の状態であった。

　一八六三年四月二日の朝。労働者階級の女性たちを中心とした集まりが、リッチモンドのある教会で開かれた。彼らはそこで、ヴァージニア州知事ジョン・レッチャー(6)に対し、即刻食料不足に対する救済措置をとることを要求することで意見の一致を見た。

　女たちは、知事の邸宅へ向けて行進を始めた。沿道で彼らのデモ行進を見ていた者らも加わり、デモ隊の数は次第に膨れ上がっていった。

（4）石油のバレルではなく、ここでは「樽1杯分」という意味。小麦は現在ブッシェルを単位として取引されているが、南北戦争期のアメリカでは、小麦樽（flour barrel バレル）が単位として用いられていた。小麦樽の大きさは国や時代によって異なるが、南北戦争時代にアメリカで一般的に用いられていた小麦樽1杯分は、125ポンド（約57kg）であった。小麦1ブッシェルは約27kgであるため、小麦1バレルとは2ブッシェル少々ということになる。また、余談になるが、1686年に採用されたニューヨーク市の紋章には、「ビーバーと小麦樽」が描きこまれているという。このことは、アメリカ初期の歴史において、いかに「小麦樽」が一般に使用され、重要なものであったかを示している。

（5）穀物の単位としての1ブッシェルは、国や穀物

知事の邸宅に着くと、リーダーの女性が大声で、知事に対する要求を叫んだ。その中には、食料品を購入する場合、自分たちの言い値で買うことが出来るという条項も含まれていた。知事は会見に臨み、労働者らの苦境に対して同情し、彼らの要求の正しさを認めたが、具体的な方策は一切提示せず、再び邸内に入って行った。

それを見て、女たちは怒りの叫び声をあげた。ある者は、知事の邸宅の門を壊れんばかりに揺すぶり、ある者は、石をガラスめがけて投げ入れた。

この頃には、群集は一、〇〇〇人以上に達しており、女ばかりか、男や少年もその中に加わっていた。集まった者らは、知事の名前を口汚くののしった。怒りは怒りを呼び、群集は暴徒と化した。女たちは、隠し持っていた斧やナイフや拳銃を取り出し、棍棒を振り上げて商店街になだれ込んで行った。まずは、パン屋が襲われた。ガラスが割られ、戸がこじ開けられ、パン屋の主人は道路に引きずり出された。女も男も少年も、抱えきれないほどのパンを手にして、また次のパン屋を襲撃した。暴徒と化した彼らは、パン屋のみならず、粉屋、肉屋を次々に襲撃し、挙句の果ては、宝石店まで襲った。

この暴動の知らせは、南部連合大統領ジェファソン・デービスのもとにいち早く伝えられた。知らせを受けた大統領は、リッチモンドの労働階級出身者からなる警察守備隊の発動を命じた。

略奪を終えた暴徒は、商業地区の中央にある二つの市場に集結していた。彼らは、バリ

の種類によって異なっている。アメリカにおいてジャガイモ1ブッシェルは、約27kg。ちなみに、アメリカの場合、主な穀物の1ブッシェルは以下の通りである。小麦＝約27kg。大麦＝約22kg。大豆＝約27kg。ライ麦＝約25kg。トウモロコシ＝約25kg。

（6）1813—84。弁護士、新聞社の経営者を経て、1960年、ヴァージニア州の知事に選出された。南北戦争後、数カ月間投獄されたが、釈放されたのち、ヴァージニア州議会議員に選出された。

ケードを築き、警察守備隊と向き合った……。

そこに大統領自らが姿を現した。そして、暴徒らに、一刻も早くここを立ち去るよう訴えた。守備隊は暴徒に銃を向けた。大統領は五分間の猶予を与えた。

はじめ女たちは、すさまじい形相で警察守備隊と対峙していた。次第に、守備隊の一人ひとりの顔がはっきりと見えてきた。その中には、いつも工場で一緒に働いていた者がいた。近所の知り合いもいた。幼馴染もいた。そして、自分の肉親すらも混じっていた。一方、銃を構えている者たちも、暴徒のそれぞれの顔をはっきりと見ることが出来た。自分が恋人のように慕っている人がいた。親代わりの老婆もいた。また、ある兵士の手は震え、これ以上銃を支えていられない様子であった。彼は、暴徒の中に、自分の妻と息子の姿を見出したからである。

しばらくすると、女たちの顔に悲しみと疲労の色が現れた。すると、糸が一瞬に切れたかのように、暴徒は群集に戻り、女たちの顔も母や妻の顔に戻っていた。そして、めいめいの住まいへと、希望のない足取りで帰って行った……。

これが世にいう「パン騒動」の顚《てん》末である。

ところが、事件はそれだけでは終わらなかった。リッチモンドの「パン騒動」は、始まりに過ぎなかったからである。南部連合政府は、「パン騒動」の報道を厳重に禁じた。しかし、事件のすぐ後、新聞は詳しく――時には絵入りで――「パン騒動」を克明にリアルに報道した。この報道に刺激されて、「パン騒動」は、予想外の展開を見せる。リッチモンドの「ボヤ」は飛び火し、南部の各州で、九月になるまで、同様の「パン騒動」が続発するからである。

10 カーペットバッガー
――「再建期」のキーワード

南北戦争後の「再建期」(1)について書かれた本を読んでいると、頻繁にある一つの語に出くわす。ある一つの語とは、「カーペットバッガー」(carpetbagger)という言葉である。手元の英和辞典を引いてみると、一般的に、「カーペットバッガー」は「私利を求める渡り者」と訳されているが、アメリカ史においては、特殊な意味を有している。それは、「南北戦争の後に私利を求めて南部へ移住した北部出身者(彼らはカーペットバッグ(じゅうたんかばん)を持って旅行した)」を意味しているのである。とりわけ、狭義の意味では、それは「再建期」の南部における、北部出身の共和党員に対して用いられる。

これが「カーペットバッガー」の辞書的な意味であるが、それだけではこの語を十分理解したことにはならない。この言葉の内実、その意味の広がりは極めて大きく、「再建期」の政治・経済・社会史と深くかかわっている。また、この語が頻出する小説や、ノンフィクションを実際に読んでいると、その辞書的な意味では全くとらえられない雰囲気――と

(1) １８６５―７７。連邦を離脱した南部諸州を、連邦に再編入し、再建した時代。この時期、南部連合の11州をどのような条件で復帰させるかをめぐり、大統領と議会は激しく対立した。すでに、１８６３年、リンカーンは再建策を打ち出していたが、それは寛大なものだった(たとえば、１８６０年の大統領選挙に投票した人の10パーセントが連邦に忠誠を誓えば、その南部の州の州政府樹立を認めるといった計画)。リンカーンの暗殺後、次期大統領のジョンソンは寛大な再建策を引き継いだが、議会において、寛大な策に反対する急進的共和党員と激しく対立した。

りわけ軽蔑的雰囲気——が込められているのがわかる。そして、こうした雰囲気をとらえてこそ、この政治・経済・社会史全体に広がる言葉を初めて理解できるのであり、ひいては、「再建期」の歴史の重要な一部分が明らかになると思われる。その意味で、「カーペットバッガー」という語の内実と外延を十分に理解することは、極めて肝要である。

そこで、本章では、さまざまな辞典、参考書に照らし合わせつつ、この「カーペットバッガー」という語について、詳しく考察してみたいと思う。

カッセルの『アメリカ史辞典』（ピーター・トンプソン編）で、「カーペットバッガー」の項を調べると、「軽蔑語。南部再建を手伝うため南部に移住した北部人に対して、南部の‘Redeemer’がつけた語。」となっている。‘Redeemer’とは、同じくカッセルの辞典によれば、「急進的な共和党の州政府から再び南部を救い出し、南部民主党を再興することを訴える人」である。急進的共和党員(2)は、「再建期」において、南北戦争以前の南部の支配階級（プランターが主(3)）の人々が、公職につくことが出来ないような急進的な改革を行ったことで有名である。さらにカッセルの辞典は、「カーペットバッガー」について、「時折彼らは、暴動のさなか攻撃され、犠牲者が出た」と記している。

次に、ジョン・マック・ファラガー編の『アメリカ史百科事典』の「カーペットバッガー」の項を見てみよう。同じく「軽蔑語」と記されているが、そのニュアンスは、「相手の権

---

(2) 南北戦争前後、勢力をふるった共和党内の急進派。奴隷廃止の急先鋒で、戦争中は、リンカーンがなかなか奴隷解放に踏み切らないことを強く批判した。また、再建期には、寛大な再建案に反対し、大統領中心の再建ではなく、議会中心の再建を主張した。その勢力は、1870年頃まで続いた。

(3) プランテーション所有者。とりわけ、19世紀に綿花の大プランテーションが発達すると、彼らは富を蓄積し、彼らの州政治における発言権は増大した。南部のプランターたちの没落は、『風と共に去りぬ』において克明に描かれている。

威、価値、威厳をそこなうような」言葉であると書かれている。あとはほとんどカッセルの辞典と同一であるが、「カーペットバッガー」の語源となった「カーペットバッグ」について、次のようなことが付け加えられている。「カーペットバッグは安いかばんであり、それは南部の反対者たちが、北部人を自分たちより低い階級の人間だと見なしていたことを示している」、と。蔑称といっても、このような階級的上下関係を暗示する蔑称なのである。

トマス・ジョンソン編の『オックスフォード・アメリカ史辞典』ではどうか。ここでは、かなり具体的な説明がなされている。「カーペットバッガー」が南部に多く移住するようになったのは、戦後二年ほどして制定された「再建法」（これは、急進的な共和党に南部を完全に支配させることを認めた法で、アンドリュー・ジョンソン(4)大統領の拒否権発動にもかかわらず強行採決された）の後であると記されている。そして、蔑称の由来としては、「全財産をカーペットバッグにすべて詰め込んで移動していた」こと自体が軽蔑の対象となったという。また、「カーペットバッガー」の詳しい内訳として、「ある者は解放黒人局(5)の職員であったり、他の者は、純粋に南部の社会にとけ込もうという目的でやって来た模範的な市民であったり」実にさまざまで、彼らのうちのある者は、知事をはじめとする南部政治家になったという。しかし、彼らの政治の多くは、買収等で腐敗し、南部の州政治を堕落させた。「カーペットバッガー」の蔑称は、このような腐敗政治にも由来しているのであろう。

（4）1808—75。任期1865—69。1843年、下院議員。1853年、テネシー州知事。1857年、上院議員。1864年、副大統領。彼は、弾劾裁判にかけられた最初の大統領である。

（5）再建時代に、解放黒人のために活動を行った政府機関。1865—72年の間設けられていた。黒人の食料と住居の供給のほか、医療、教育の改善にもつとめた。

さらに焦点を絞って、南北戦争再建時代を扱った辞典を参照してみよう。

まずは、『南北戦争語法百科辞典』（ウェッブ・ガリソン、チェリル・ガリソン共著）。ここでは、「カーペットバッガー」は、「戦後の再建期に南部に渡った、北部の政治的、経済的山師」となっている。「山師」のように、戦後の不安定な情勢を利用し、政治的ポストを射止めたり、新規事業を始めたというニュアンスがよく出ている定義である。

『再建時代歴史辞典』（ハンス・L・トレフス著）は、かなり厳密な定義を下している。「カーペットバッガー」は、一文無しの日和見主義者で、南部の混乱につけこみ暴利をむさぼり、腐敗政治に関与したというイメージが強いが、それとは裏腹に、実際は「多くの者がかなり教育を受けた人々であり、政界に入るためではなく、兵隊として駐留した者や、経済的な機会を求めて移り住んだ連邦軍の元兵士がかなりの数を占めていた」という。そして、彼らのうちのある者が、黒人が多数を占める南部社会のリーダーとして政界に進出したことは、彼らの高い教育水準を考えると驚くべきことではない、と記されている。そのような「カーペットバッガー」の政治家には、心から純粋に黒人社会に共感を示す者もいたそうである。しかし、選挙で選ばれるための目的で、解放奴隷を組織し、共感を得ようとした、不純な目的の非良心的な「カーペットバッガー」も実際存在した。が、学校の設置や社会福祉に貢献した者も実際にいたことは否定できず、腐敗した「カーペットバッガー」というイメージは強調されすぎているきらいがあると、トレフスは述べている。

日本で出版された参考書、辞典としては、二つほど取り上げておこう。紀平英作・亀井俊介著『世界の歴史23――アメリカ合衆国の膨張』は、アメリカの文化史・社会史に詳しいが、そこで「カーペットバッガー」は、「新しい共和党政権のもとで、南部で新規事業を独自に始めた人々」であったと言及されている。しかし、「南部白人層の圧倒的多数には、戦中から戦後にかけて踏み潰され、大きな改革を強要された現状への憤りが渦巻いて」おり、彼らは「連邦政府がもはやこれ以上に南部諸州の問題に干渉しない、そのような政治体制を民主党(6)という政党を通して求めた」ために、共和党(7)の支配の保護下で事業を拡大してゆく「カーペットバッガー」は、南部の大多数の人々の嫌悪の対象となったのである。そのため彼らは、暴動が起こるとしばしば犠牲者となったのだ。

もう一つは、松村赳・富田虎男編『英米史辞典』。そこには、簡潔ではあるが、ひじょうにわかりやすい説明がある。ここに全文を紹介しよう。

渡り政治家。南北戦争の終わりから再建期にかけて、南部へ行って共和党員として活動した北部人たちを指す。全財産をカーペット地の手さげかばんに入れて旅する一時滞在者・無産者という軽蔑的な呼称として使われた。しかし一部の人を除き大半の人はこの型にはまらず、連邦軍人、財務省や解放黒人局の役人、牧師などが多かった。彼らは連邦復帰の条件とされた新しい州憲法の制定に積極的な役割を演じ、少なくと

---

(6) ジェファソンらのリパブリカンズの流れをくみ、ジャクソンの時代に民主党が結成された。その後、民主党は分裂し、南北戦争の時代には共和党に政権を譲り、南部を支持基盤とするようになった。

(7) 1854年に奴隷制度拡大反対の諸政党を集結させて形成され、1860年の大統領選挙でリンカーンが勝利し政権を獲得した。民主党が南部のプランターの支持を集めたのに対し、共和党は、北部の新興産業資本、西部農民層を支持基盤とした。

も四五人が連邦下院の議員に、七人が連邦上院の議員に選出され、一〇人が州知事に選出された。一八七七年再建期が終わると彼らも姿を消した。

ここで注目すべきは、「カーペットバッガー」の語源的な意味に近い者らは少数であったことだ。連邦軍人や役人までも「カーペットバッガー」と呼んでいたのは、南部の大多数の人々が、彼らを「一時的滞在者」と見なし、いずれは追い払ってしまおうと思っていたことを物語るだろう。

以上、辞典を中心にして、「カーペットバッガー」という多義性に富む言葉の内実と外延を明らかにしてきたが、この再建期のキーワードをめぐっては、アメリカにおいて数々の研究書が書かれている。最後に、それらの中で現在容易に入手できる二著を取り上げて、このエッセイを締めくくろう。

一つ目は、ルース・キューリー＝マクダニエル著『良心的なカーペットバッガー――ジョン・エモリー・ブライアント伝』。これは、個人の伝記を通して、「カーペットバッガーの典型」を浮かびあがらせようとした書である。山師的な部分と、南部政治を改革しようとする純粋で良心的な部分の両方が存在する、矛盾に満ちた「人間」＝「カーペットバッガー」を描き出そうとした作品である。

二冊目は、テッド・タネル著『剣の刃―「カーペットバッガー」マーシャル・H・トウィッチェルの試練』という同じく伝記ものである。これは、ニューイングランド人で北軍の兵士であったトウィッチェルが、ルイジアナ州のプランター、そして政治家となり、のちにカナダのアメリカ領事になるという、一人の「カーペットバッガー」の波乱に富んだ人生の物語である。

これら二つの書は、共通の方向性を明確に示していると言える。これまで、「カーペットバッガー」は、とかくステレオタイプ化されカリカチュア的に描かれることが多かった。しかしながら、上記の二著は、それらイメージを打ち壊し、「カーペットバッガー」の実像が、実に多面的で複雑なものであることを実証しようとしているのである。

11 ヘンリー・アダムズの政治改革運動
──一つのケース・スタディーとして

「再建期」、それは政治的スキャンダルの時代であった。アメリカ史上、これほど政治倫理が踏みにじられた時はなく、後のハーディングの時代、[1]ニクソンの時代[2]以上に政治倫理が堕落した時代であった。そして、この時代はまた、そのような状況を前にして、政治改革の必要性が唱えられた時期でもあった。とりわけ、再建期の終わり近くになると、この傾向は顕著になったと言えよう。

このような政治改革の一つのケース・スタディーとして、本章では、アメリカの歴史家として名高いヘンリー・アダムズの政治改革運動を取り上げてみたい。それは、単にアダムズ個人の伝記的事実にとどまらず、この時代の政治改革運動の大きなうねりを明確に示してくれるように思われるからである。

(1) 1865─1923。第29代大統領。任期1921─23。1899年、オハイオ州議員。1902年、オハイオ州副知事。1914年、連邦上院議員。彼の政権の閣僚の汚職(内務長官アルバート・フォールの贈賄事件など)は、彼の死後その全貌が明らかになった。

(2) 1913─94。第37代大統領。任期1969─74。1946年、下院議員。1950年、上院議員。1953年、アイゼンハワー政権の副大統領。ベトナム戦争の終結、及び、中国訪問などの業績があるが、ウォーターゲート事件により、「史上最悪の」大統領の1人として記憶されることになった。

いわゆる「金メッキ時代(3)」のアメリカにおいては、政府と産業の癒着、ジェイ・グールド(4)などの新興資本との癒着が激しくなり、とりわけグラント政権(5)において数多くの汚職事件が起こり、政治腐敗が進んだ。共和党内の一部の人々は、このような状況に反発し、「リベラル・リパブリカンズ」(自由共和派)を結成し、政治の浄化、改革を訴えた(彼らの多くは、グラント、ブレイン(6)、コンクリング(7)といった共和党の新指導層から排除された人々であった)。彼らは、党に対する忠誠・献身の見返りとして官吏を任命する「スポイルズ・システム」こそ政治腐敗の原因であるとし、「任用試験制」(能力と業績に基づき官吏を任命する制度)を唱えた。

ヘンリー・アダムズも、リベラル・リパブリカンズの改革運動に共鳴し、自らが編集する『北米評論(8)』を主な舞台として、グラント政権を批判し、改革運動に加わった。このリベラル・リパブリカンズのメンバーたちは、カール・シュルツ上院議員(9)を中心的存在として据え、アダムズの父チャールズ・フランシス・アダムズを次期大統領に選出しようとした。しかしながら、リベラル・リパブリカンズは、穏健派と反・グラントを標榜する改革派(ヘンリー・アダムズもその一人)との間で分裂し、結局は、改革に積極的ではない(グラント政権と仲たがいした時のみ官吏任命制度の改革を唱える日和見主義者である)ホーレス・グリーリー(10)を大統領候補として支持する。が、一八七二年の選挙では、グラントが北部の州

(3) マーク・トウェインとチャールズ・ウォーナーの共作『金メッキ時代』(1873)に由来する。南北戦争終了後の商業主義的、拝金主義的社会を表す言葉。「金ぴか時代」とも訳される。

(4) 1836—92。ニューヨークでブローカーとなり、株を買い占めてエリー鉄道を買収し、金市場を操作して「ブラックフライデー」を引き起こした。詳しくは、本書の第13章「ブラックフライデー」を参照のこと。

(5) 1822—85。北軍の司令官。第18代大統領。任期1869—77。グラントは、南北戦争における幾多の勝利によって国民的名声を勝ち得たが、大統領としては有能ではなく、政治腐敗を招いた。

(6) 1830—93。新聞の編集者として名をなし、

すべてを制し圧勝し、グリーリーは惨敗する。

このようにして、アダムズの政治改革運動の第一幕は失敗に終わったのであるが、一八七四年頃になると、彼は再び改革運動に乗り出す。グラント政権全体を巻き込んだクレディ・モビリエ事件（これはユニオン・パシフィック鉄道の建設を請け負った建設会社が、政治家たちに会社の株を半額で贈与した一大汚職事件である）、一八七三年から続く経済不況、それらを反映した、一八七四年の中間選挙[11]での民主党の勝利、これらの状況を見た改革者らは、一八七四年、「独立党」[12]と称する新党を結成した。

独立党において、アダムズは中心的メンバーとなり、再びグラントの反対勢力であるシュルツと組み、グラントの三選、あるいは、下院議員、下院議長を歴任した共和党のジェームズ・B・ブレインの大統領当選を阻止するべく立ち上がった。アダムズは、共和党において自分たちの意に添った候補が出されればそれを支持し、さもなければ、民主党の候補を支持しようと考えていた。そしてアダムズらは、有力な大統領候補として財務長官ベンジャミン・ブリストウ[13]を支持しようとした。ブリストウは、名目上はグラント政権の一員であるが、政府内の不正を厳しく追及していることで知られていたからである。

ところが、独立党内部での意思統一はなかなかうまくいかなかった。ブリストウを支持する者あり、民主党の候補として有力なティルデン[14]を支持しようとする者あり、独立した行動を唱えるものあり、党内は分裂状態にあった。しかも、党の中心人物であるシュルツ

1863年に下院議員になり、後に下院議長をつとめた（1869—75）。4度にわたり、共和党の大統領候補に立候補したが、1度も指名されなかった。

（7）1829—88。弁護士をつとめた後、1859年に下院議員、1867年に上院議員になる。政界を引退した後も弁護士として活躍した。

（8）1815年ボストンにて創刊される。最初、ウィリアム・チューダーの編集のもと、文芸雑誌として出発したが、ヘンリー・アダムズらを編集者として加えることで、歴史に関する論文を掲載するにいたる。さらに、ニューヨークに本拠を移して以後は（1878年）、同時代の社会・政治問題を扱うようになった。

（9）1829—1906。ドイツに生まれるが、1852年にアメリカに亡命し

は、共和党から完全に抜け切っておらず、既成政党と一線を画してそれに影響を与えようとする「第三党」としての独立党という考えに完全にコミット出来なかった。また、シュルツは、もし共和党が再び政権をとったら政権内の有力ポストを得たいと考えている、私利私欲に満ちた政治家であったため、共和党と一線を画そうとはしない。独立党として誰を支持するかということに関しては、なかなか立場を明らかにせず、共和党大会で誰が指名されるかを待ってから己の態度を明らかにしようと考える老獪極まる人物であった。

　このように独立党が分裂状態にある中、一八七五年、オハイオ州知事選において共和党のラザフォード・B・ヘイズ[15]が勝利し、共和党内において、にわかにヘイズがブレインと並ぶ次期大統領の有力候補と見なされるようになる。それとちょうど時を同じくして、一八七六年四月、ブレインのユニオン・パシフィック鉄道会社[16]との間の汚職事件が発覚する。すると、ブレインよりもヘイズの方が有力視されるようになる。また、ブリストウの勝利の見込みがないとわかってくると、共和党におけるブリストウ支持者たちは、ブレインが大統領になることを阻止するため、グラントの側近であるコンクリングらと結びつき、ヘイズ支持に転じる。共和党内の主流派（グラントの三選を目指すストールワート派〔頑固派〕）とこれに対抗したハーフブリード派（中間派）との間に妥協が成立したのである。ヘイズは改革推進派として期待されていた。そのため、独立党のメンバーの多くは、このような情勢を見て、ブリストウからヘイズ支持に転じ、共和党へ傾き、吸収されてゆく（シュル

た。ジャーナリストを経て、1869年に上院議員、1877年に内務長官になる。

(10) 1811―72。1834年、「ニューヨーカー」誌の編集長。1841年、「ニューヨーク・トリビューン」紙を創刊し、編集長となる。政治家としてよりも、ジャーナリストとしての業績の方が大きい。

(11) 4年ごとに行われる大統領選挙から2年目に行われる、上院、下院議員、州知事などの選挙。中間選挙の結果は、大統領の政治に対する国民の審判でもある。

(12) 次の大統領選が、1876年、すなわち「アメリカ独立百周年」に当たるため、それに向けて結成された新党を「独立党」と命名したのである。

(13) 1832―96。弁護士、北軍の将校を経て、

ツも、ヘイズ支持を表明する）。そして一八七六年六月、共和党の大統領候補としてヘイズが指名される。

独立党の多くのメンバーにとり、改革を唱えるヘイズが共和党の候補になったことは歓迎すべきことであった。しかしながら、アダムズにとってはそうではなかった。なぜなら、共和党とは一線を画した「第三党」として独自の路線を歩もうとした独立党が、ヘイズ支持によって再び共和党内に吸収されることになり、既成政党に取って代わろうとした「第三党」としての独立党は、実質的には死に絶えたからである。

アダムズを含む、共和党と一線を画す独立党のメンバーは、六月、ヘイズの指名を見て、民主党のサミュエル・ティルデンを支持することを表明する。ティルデンは、かつてアダムズとともにジェイ・グールドを批判したこともあり、ヘイズよりも改革推進派と思われたからである。しかしながら、一八七六年一一月の大統領選挙[17]では、結局ヘイズが勝利を収めることになる。かくして、アダムズの政治改革運動の第二幕は失敗に終わるのである。

アダムズの政治改革運動の第三幕は、新党結成という直接行動ではなく、政治小説の執筆という形で演じられる。すなわち、小説『デモクラシー』である。

すでに述べた通り、一八七六年六月の段階で、すでに独立党の構想は潰えており、アダムズは、直接的行動によって政治に働きかけるのが不可能であることを知った。そして彼は、七月になると、すでに一八六七年から書きはじめ一時中断していた政治小説に再びと

グラント政権において、財務長官になる（1874—76）。しかし、彼は、政権内の汚職を糾弾することに熱心であったために、グラントはブリストウを解任した。

(14)　1814—86。彼は、タマニー・ホールという政党機関のボスたちが、不正な手段を使ってニューヨークの市政を牛耳っている状況を批判し、改革に乗り出した。そして改革主義者として、1875年ニューヨーク州知事に選出された。

(15)　1822—93。第19代大統領。任期1877—81。1964年、下院議員。1867年から76年まで3期にわたりオハイオ州知事。彼は、1877年、連邦軍を南部諸州から撤退させ、再建期にピリオドを打った。

(16)　1869年5月10日、

りかかる。執筆はものすごいスピードで進み、四月に発覚したブレインの汚職事件を素材にとり入れながら、一八七六年九月頃にはほとんどが完成されたと推定される。

このようにアダムズが『デモクラシー』の執筆を急いだのは、もしヘイズが当選した場合、政治腐敗の元凶であるブレインを有力ポストにつけるのではないかと危惧し、この実話小説（汚職事件を起こす政治家はブレインをモデルとしている）の出版によってそれを阻止しようともくろんだからである。しかしながら、ヘイズが当選して以後、ブレインが有力ポストにつく見込みがないと確信すると、一八七六年にこの小説を出版する必要はなくなった。

結局『デモクラシー』は、一八八〇年四月、匿名で出版される。四年前にはほとんど完成していたにもかかわらず、一八八〇年四月にあえて出版したのはなぜか？　それは、この小説の出版によってブレインの汚職を改めて明るみに出し、二カ月後の共和党大会でブレインが大統領候補に指名されるのを阻止するためである。

さて、そのような意図をもって出版された『デモクラシー』とはいかなる小説か？　ここでその内容を要約しておこう。

この小説の主人公ライトフット・リーは、好奇心の旺盛な才色兼備の若き未亡人である。金と暇を持て余し、ニューヨークにおける退屈な暮らしに耐えられなくなったリーは、あ

カリフォルニアから東へ延びるセントラル・パシフィック鉄道とネブラスカから西へ延びるユニオン・パシフィック鉄道が接合し、ここに大陸横断鉄道が完成したことはあまりにも有名である。また、ユニオン・パシフィック鉄道会社は、「クレディ・モビリエ」というアメリカ史上最大の汚職事件とかかわったことでも知られる。「クレディ・モビリエ事件」とは以下のようなものである。

ユニオン・パシフィック鉄道の一部の株主は、大陸横断鉄道の建設において不当に利益をせしめるために、クレディ・モビリエという鉄道建設会社をつくり、この会社にすべての工事を依頼し、次のような詐欺行為を行った。それは、クレディ・モビリエが建設費用を実際にかかった額より倍近くユニオン・パシフィック鉄道に請求することで、大儲けするというトリックである。いわば手の込んだ

る日、「政治」について知りたいがために、妹のシビルを伴い首都ワシントンにやって来る。彼女はそこで、「政治」という「機構」（＝machine）を、「政治」という劇が演じられる「舞台からくり」（＝machine）を知るために、「政治」の世界への案内人を探し求める。はじめ彼女は、キャリントンという人物を案内人として選ぶのだが、しばらくして、「政治」という「機構」の中枢にいるラトクリフ（Ratcliffe）という共和党の幹部（＝machine）の一人に出会い、以降、彼を「政治」の世界への案内人と見なすようになる。イリノイ州出身の上院議員ラトクリフは、次期大統領の最有力候補と目されており、リンカーンの再来[18]とまで評される人物である。リーは、このようなラトクリフの内に民主主義の理想を見出し、彼の「力」（「権力」）によって、高潔な民主政治が実現されることを確信しつつ、彼の支援者となる。が、次第に彼女はパトロンの域を越え、ラトクリフを恋するようになる。一方、ラトクリフも、自分が将来大統領になる上で彼女の助力がどうしても必要であり、かつまた長い独身生活のわびしさと孤独から解放されたいがため、彼女を恋するようになる。

ここからは、政治における権力闘争は、恋愛における「権力闘争」とパラレルに進行する。それらは全く別々ではない。なぜなら、民主政治の実現の手段として「権力」（＝Power）を求めるリー夫人を魅きつけるには、ラトクリフは党（＝party）内における「権力」を手中に収めなくてはならないし、他方、ラトクリフが将来大統領の地位を得るため

「着服」である。この詐欺行為に政府の調査が入ることを恐れたユニオン・パシフィックの株主らは、クレディ・モビリエの株を半額で政府関係者及び議員たちに贈与した。

(17) この選挙では、開票結果に不正と疑いがあるということで、すぐにはヘイズの当選が決まらず、議会と最高裁の決定を待ってから、ヘイズが勝利した。この出来事は、２０００年の大統領選挙におけるブッシュとゴアのフロリダ州の開票結果をめぐる闘争と酷似していると、しばしば指摘されている。

(18) リンカーンは１８３０年にイリノイ州に移住し、イリノイ州で政治活動を始めた。とりわけ、１８５８年連邦上院議員にイリノイ州から立候補し、スティーヴン・ダグラスと激しい論戦を交えたことはあまりにも有名（選挙には敗れた）。

には、社交的な集まり（=party）におけるリー夫人の「権力」を、そして彼女のきらめく知性を必要としたからである。

ラトクリフは、党内での権力闘争において、政敵である大統領の側につく者を失脚させようとさまざまな陰謀をめぐらす。が、なかなか思うようにはいかない。敵もさる者、大統領は、ラトクリフを入閣させることでその権力を弱めるという懐柔策をとる。はじめラトクリフは、この策をワナだと見破ってそれに従おうとはしない。しかしながら、恋するリーが入閣を勧めたがゆえに、結局は入閣の申し出を受け入れることになる。恋が政治に勝ったのである。

他方、恋の世界における「権力闘争」は、政治におけるそれよりもはるかに熾烈である。政治においては、なかなか勝利を収めることが出来ないでいるラトクリフは、恋の「権力闘争」においては、リーの主催するパーティーに集まってくる政敵ならぬ恋敵を次々に蹴落としてゆく。最大のライバルであるキャリントンに対しては、自分の政治力を利用して、ワシントンから遠く離れたメキシコにおける官職を紹介することで、リーのパーティー（=party）から排除する。そして、恋の「権力闘争」に完全勝利を収めたと確信したラトクリフは、ついにリー夫人にプロポーズする。

リーは、ラトクリフのプロポーズを受け入れようとする。が、そのとき、妹のシビルが彼女に手渡したキャリントンの手紙によって、ある衝撃的な事実を知らされる。それは、ラトクリフが過去において、ある船会社から賄賂をもらい、自らの権力を用いてその船会社に有利な法案を可決させた、という事実である。何と、高潔な民主主義の鑑と思われたラトクリフ（Ratcliffe）は、実のところ、腐敗した政界を泳ぎまわる「ドブネズミ」（＝Rat）であったのだ。ラトクリフという「リンカーン」の唱える「民主政治」とは、「人民の、人民による、上院議員のための」政治に過ぎなかったのである。

この事実を知るとともに、リーのラトクリフに対する恋は急速にさめてゆき、民主主義の理想としてのラトクリフ像はこなごなに打ち砕かれてしまう。それと同時に、それまで彼女が徐々にではあるが感じ取っていた「政治」という劇のおぞましさ、空しさ、滑稽さ（たとえば、党、あるいは派閥の存続、利益のためならいかなる手段も正当化されうるというマキャベリズム、レセプションにおける大統領夫妻の「人形のような」、「おもちゃのような」ふるまいに示された、「権力」というものの空しさ、喜劇性）を改めて認識する。そして、「政治」という「喜劇」に、「大統領夫人」の役で参加しようとした自分に嫌悪しつつ、ニューヨークに戻り、その後、腐敗した政治の現実を忘れようと、ピラミッドの上に輝く北極星を夢みつつ、エジプトへ旅立つ。

以上が、『デモクラシー』という政治小説の主な内容である。この作品は、今日では、「金メッキ時代」のアメリカの腐敗した政治状況を写し出したものとしては高く評価されているが、小説作品としてはあまり高く評価されていない。たとえば、『アメリカの政治小説』の著者ゴードン・ミルンは、この作品における人物が、アダムズの代弁者に過ぎず肉体性を欠いている点を批判し、また、ルイス・オーチンクロスは、作品全体を通じて「平板な」印象を与えると断じている（『ヘンリー・アダムズ』）。確かに、この作品における登場人物の多くが、アダムズの「政治」に対する探求の単なる媒体、道具として創造されており、多くの場合、人物同士の関係のディアレクティークによって物語が展開せず、アダムズのテーマに沿って目的論的に物語が進行してゆくために、この作品を小説作品として高く評価することは難しい。

が、このように小説自体としては、あまりドラマティックではない『デモクラシー』は、「小説外」コンテクストにおいて、実にドラマティックな小説となった。それは、二つの点でセンセイションを巻き起こしたからである。一つは、この実話小説のモデルがブレインであることは誰の目にもあまりにも明白であったため、ブレインにとって再び汚職が発覚したようなスキャンダルとなった（大統領の最有力候補であったブレインは、小説の出版の二カ月後の党大会では指名されなかった）。第二に、それが匿名で発表されたことにより、その作者についての推測が世間の大きな話題となった（作者がアダムズの妻マリアンではないかという説が有力であった）。(19)『デモクラシー』という小説自体よりも、それが世間に巻き起こしたセンセイションの方が、より「小説的」であったと言えよう。

---

(19) アダムズの妻マリアンは、非常に教養豊かな、才気煥発の、自主独立の気風の強い女性であった。幼い頃よりほぼ男性と対等の教育をほどこされ、女性の自立を当然のこととみなすフェミニストであった。アダムズと結婚後、彼女は、ボストン、ワシントンにおいてアダムズ家のサロンの華であり、歯に衣着せぬ毒舌と容赦ない辛らつな批評によって、時に人を驚かせたという。それゆえ、『デモクラシー』の著者が、マリアンではないかという憶測も、まったく根拠のないものではなかったのである。

『デモクラシー』という政治小説は、右に述べたような政治的目的を有しており、また、同時代の政治（腐敗）を批判した書であるが、そればかりではない。一方で、この作品は、主人公リーを通して示されるように、「政治」に対する「幻滅」、そして「政治」との「訣別」を表明した作品である。この小説は、その大部分が一八七六年の七月から九月にかけて書かれており、それは、アダムズの「独立党」の改革運動の挫折（六月）の直後である。すなわち、アダムズはこの書において、「政治」批判のみならず、己れの政治改革運動の「失敗」、そこからくる「政治」への「幻滅」、そして「政治」に対する「訣別」を語っていると考えることが出来る。

事実、アダムズは一八七六年を境として、『デモクラシー』のリー夫人のごとく、「政治」に直接かかわろうとはしなくなる。政治改革運動の「失敗」と「幻滅」は、「政治」との「訣別」につながったのだ。そして、改革運動の挫折によって、アダムズの関心は、同時代の政治とは別の領域に移ってゆくのである。別の領域とは何か。それは、「歴史」である。

「政治家」アダムズの挫折は、「歴史家」アダムズ[20]の誕生であった。

(20)「歴史家」アダムズについては、本書の第19章「アダムズ『アメリカ史』——アメリカの歴史文学(2)」を参照のこと。

12 アメリカの「ファラオ」——コーネリアス・ヴァンダービルト

通称、「提督」。アメリカの鉄道王コーネリアス・ヴァンダービルトは、一七九四年、ニューヨーク市のすぐ南に位置する島、スタテン・アイランド(1)に生まれた。ヴァンダービルト家は、一六五〇年頃、オランダからやって来た古くからの家柄であり、つつましく農業や漁業に従事していた。コーネリアスの父は、農業に従事する傍ら、不定期の渡し業を営んでおり、ニューヨークとスタテン・アイランドの間で船客と農産物を運んでいた。

幼い時よりコーネリアスは、家業に専念し、ほとんど教育を受けずに育った。いまだ未開の地が多く残るスタテン・アイランドで、毎日肉体労働に従事していたため、彼は十代半ばにして筋骨たくましい青年に成長していた。

父のもとで渡し業を手伝っていたコーネリアスは、一五歳の時、自ら独立して船主になろうと決心する。未開の農地の一部を、一六歳の誕生日までに開拓するという約束のもと、母親から一〇〇ドルを借り、小さな平底舟を購入する。船さばきが巧みであった彼は、わ

(1) ニューヨーク市の5自治区の1つ。面積166㎢。水路をはさんでニュージャージー州と接する。マンハッタンとはフェリーで結ばれている。

ずか一年にして、スタテン・アイランドで評判の渡し業者となり、一、〇〇〇ドル以上も稼ぎ、すぐに借金を全額返済することが出来た。そして、一八一二年戦争では、アメリカ軍を船で移動させるなど重要な任務を果たし、また所有する船の数も着実に増やしていった。

一八一三年、一九歳の時、コーネリアスは一歳年下のソフィアと結婚する。ソフィアは、従順な家庭的な妻であったが、ビジネスの感覚にも優れた女性であった。当時フェリー業者は、よく船の終点でタヴァーンを営んでいたが、コーネリアスもその例にもれず、ニュージャージー州[2]の「ベローナ・ホール」という三階建ての古いタヴァーンを購入し、その経営の一切をソフィアに任せた。ソフィアは、一〇人以上の子供を育てながら、タヴァーンで昼夜働き、見事に成功を収める。当時のアメリカのタヴァーンは、あまり清潔ではなかったが(たとえばシチューの中に虫が入っているということがしばしばあった)、ソフィアのタヴァーンは他の業者に比べて非常に清潔であり、しかも食事がおいしく、その他サーヴィスが行き届いていた。とりわけ、冬の厳寒期、旅人の足がすぐに温まるよう、暖めた石をベッドのそばに備えておくという独自なアイディアゆえに、「ベローナ・ホール」はニューイングランドでも名高いタヴァーンの一つとなったという。あまりにも繁盛したため、タヴァーンでの収入は、コーネリアスのフェリー業の収入を上回るほどであった。それゆえ、大財閥ヴァンダービルト家[3]の資産の礎は、ソフィアが築いたと言っても過言ではない。

(2) アメリカ大西洋岸、ニューヨーク州の南に位置する。現在は工業が盛んで、ニューアークが州内最大の都市である。

(3) ヴァンダービルト家は、コーネリアスの死後、資産をさらに増やした。そして、現在にいたるまで、アメリカを代表する大富豪である。とりわけ、3代目に当たるコーネリアス・ヴァンダービルト2世とその兄弟たちは、巨大な邸宅を築いたことで知られる。筆者は、そのうち、ノースカロライナ州アッシュヴィル近くにあるジョージ・ヴァンダービルト3世の邸宅「ビルトモア・ハウス」をたずねてみたが、それは1つの町がおさまるぐらい巨大なものだった。

一方、コーネリアスはその頃、ニュージャージー周辺を支配下に置くギボンズ[4]という船主に雇われてフェリー業を営んでいた。当時ニューヨークのハドソン川周辺は、蒸気船で名高いフルトン[5]がフェリー業を独占していたが、ライバル関係にあったギボンズは、コーネリアスの助力によって、ニューヨークまで事業を拡大することに成功し、さらには、ニューヨーク＝フィラデルフィア間のフェリーの運航も開始する。一八一二年戦争をきっかけに、蒸気船の開発は飛躍的に進み、次々に高速の蒸気船が誕生したが、ギボンズの会社も、他の業者とスピードと運賃という点で勝ちを収め、次第にその地域のフェリー業を独占していった。

しかし、若い時より自主独立の気風が強く、進取の気性に富んだコーネリアス・ヴァンダービルトは、ギボンズのもとで働いて一生を終えるような人間ではなかった。彼は、母から一〇〇ドル借り、父から独立した時のように、ギボンズからも独立してフェリー業を営む決心をする。そして、一隻の古い蒸気船をギボンズから買い取り、船主となる。船主となるやいなや、彼は他社に比べて大幅に運賃を引き下げ、高速の蒸気船を運航させ、しかもサーヴィスの充実と向上につとめたため、ライバル会社を次々に蹴落としていった。最大のライバルは、ダニエル・ドリュー[6]という名のフェリー業者であったが、彼もヴァンダービルトの巧みな経営戦術に屈し、倒産を余儀なくされた。このことが原因で、ドリューはのちに相場師として、ヴァンダービルトの生涯の宿敵となるのである。ドリュー

（4）19世紀のはじめ、ニューヨーク―ニュージャージー間のフェリー業を独占していたのは、アーロン・オグデンという人物であったが、トマス・ギボンズは、その区間でフェリー業を営み競争相手になった。それに対し、オグデンは自らの独占権がおかされたとして、ギボンズを訴えた。この係争は最高裁まで持ち込まれ、「ギボンズ対オグデン」（1824年）として世に知られた（オグデンが敗訴し、ギボンズのこの区間におけるフェリー業は認められた）。

（5）1765―1815。はじめ、風景画家であったが、ロンドンで機械工学を学んだ後、エンジニア・発明家になった。最も有名な発明は、1807年ハドソン川で実験を行った外輪蒸気船である。

（6）1797―1879。馬を売買する仕事で身を起

に勝利した後、ヴァンダービルトは瞬くうちにニューヨーク周辺のフェリー業を独占し、ニューヨークの長者番付にものるほどの富豪に成長していった。一八二九年から一八三六年にかけては、年間三万ドル、そして、一八三七年から一八五〇年にかけては、年間六万ドルも稼いだという。

富豪になったコーネリアス・ヴァンダービルトは、ニューヨークの中心部に移り住み、また、生まれ故郷スタテン・アイランドにも豪邸を建設した。しかし、彼自身の生活は、相変わらず倹約質素な面も多く、極端な場合、吝嗇《りんしょく》とさえ言ってよかった。たとえば、いつもタバコに火をつけるマッチの予備をそなえておらず、マッチが切れたら買いに行かせるというエピソードもあるほどである。また、無骨なところ、そしてマナーの悪さも生涯変わらなかった。上流家庭のパーティーに招かれた時には、平気で冒瀆《とく》的な言葉を発し、噛みタバコの汁をカーペットに吐いたため、たいてい二度と同じ家には招かれなかったそうである。

一八四八年、ヴァンダービルトの人生に一大転機が訪れる。カリフォルニアのゴールド・ラッシュ(7)である。大西洋岸から太平洋岸に行くには、当時、南半球のホーン岬(8)を回って行くのが一般的であったが、さらに早く船で到達する航路として、中央アメリカの地峡を経由してゆくという航路が開発されつつあった。つまり、大西洋岸から中央アメリカの細長い陸地の部分（たとえばパナマ）まで船で行き、そこから内陸部分を経由して太平洋ま

こした後、フェリー業に参入。コーネリアスとの競争に敗れた後は、相場師になり、また、グールドやフィスクと組んで、エリー鉄道を支配した。本書の第13章「相場師、あるいは道化師」を参照のこと。

(7) 1848年、カリフォルニアで砂金が発見され、それに続き西部の各地で金鉱が発見され、人々が殺到した。それによって、西部の人口は増え、農業や商業が発達し都市が発達した。

(8) 南米最南端の岬。暴風と強い潮流により、当時の航海は困難をきわめた。

で出て、カリフォルニアまで船で行くという航路である。すでにパナマ経由の航路が開発されていたため、ヴァンダービルトはニカラグア[9]に目をつける。ニカラグアは湖や川が多く、それらを利用すれば、陸路をほんの少し行くだけで太平洋岸に出られるということに気がついたからである。彼は、自らニカラグアに出向き、どの経路が最短かを自分の目で確かめてから、ニカラグア経由のカリフォルニア行きの定期便を開始した。これは、瞬く間に大成功を収め、彼の収入は何倍にも膨れ上がった。乗客ばかりか、郵便も運んだので、定期便の数は次第に増えていった。

　しかし、フェリー業において大成功を収め、「提督」の通称でアメリカでは誰一人知らない者はない大富豪となっていたコーネリアス・ヴァンダービルトは、これだけでは満足しなかった。実は、ここから彼の本当の人生が始まると言ってよい。時代の流れに敏感であった彼は、フェリー業の成功の絶頂にありながら、それが近い将来鉄道に取って代わられることをいち早く見抜いた。そのため、一八六〇年代になると、船舶をすべて売り払い、多額の資産を手にし、それを鉄道の投資に当てるようになった。

　彼は、大量の資金をもとでに、株式市場を操作した。株を大量に買うことで値を吊り上げ、今度は大量に売ることで値を急激に下げた。下げ幅にパニック状態になり、さらに株の値段が下がると、再び大量に買い、それに刺激されて大幅に株の値段が上がるため、彼はさらに資金を増やしていった。この繰り返しにより、船舶会社の成功で築いた資産を何

---

(9) 中央アメリカの中央部に位置し、北はホンジュラス、南はコスタリカである。ニカラグア南西部には、中央アメリカ最大の湖、ニカラグア湖があり、湖はサン・ファン川によってカリブ海と通じていた。

(10) マンハッタンを縦断する鉄道で、1832年に開通。当時、ハドソン川で

倍にも増やしていった彼は、今度は鉄道会社の買収に着手する。限界まで、ある鉄道会社の株を買い、その筆頭株主になるという策略である。当時、ニューヨークに入り込んでいる鉄道は四社あった。「ニューヨーク・アンド・ハーレム」[10]、「ニューヨーク・アンド・ハドソン」[11]、「ニューヨーク・アンド・セントラル」[12]、そして「エリー鉄道」[13]である。ヴァンダービルトは、最初の二社は難なく手中に収めた。そして、「ニューヨーク・セントラル」を買い取る時には、ある術策を思いついた。それはかなり卑怯で汚いやり方である。

「ニューヨーク・アンド・ハドソン」と「ニューヨーク・セントラル」は相互に乗り入れており、多くの乗客はこれら二つの線を乗り換えてニューヨークを移動していた。また、貨物はこれら二つの線が連絡することで潤滑に運ばれていた。しかし、ヴァンダービルトは次のような指令を出した。乗換駅に電車を止めてはならない、と。これには、「ニューヨーク・セントラル」も悲鳴をあげた。「ニューヨーク・セントラル」から「ニューヨーク・ハドソン」に乗り換える人々は、厳寒期、ブリザードの中、駅まで歩いてゆかねばならず、また、貨物は運ばれないまま、「ニューヨーク・セントラル」の駅に山積みにされた。

結局、「ニューヨーク・セントラル」は次のような申し出をして、ヴァンダービルトに「降伏」した。乗換駅に電車を止めてもらう代わりに、彼を筆頭株主と認め、「ニューヨーク・セントラル」の社長にするということで一件落着した。

はフェリー業が盛んであったため、フェリーと競合したくなかった「ニューヨーク・アンド・ハーレム」はハドソン川沿いには通らず、内陸を通っていた。

(11) マンハッタンのハドソン川沿いを走る鉄道で、1851年に開通した。ハドソン川沿いは凍結することが多かったため、住民たちはハドソン川沿いの鉄道を強く要望し、その結果、この路線は開通した。

(12) ニューヨーク州の多くの路線を統合して、1853年に開通した。この路線を中心に、コーネリアス・ヴァンダービルトの「鉄道王国」は形成されることになる。

(13) 1833年につくられ、1851年までには、エリー湖とニューヨーク市を結ぶまでに発達した（全長483マイル）。当時では世界一長い鉄道であった。

さて、残るは、「エリー鉄道」である。彼は、「エリー鉄道」の株の大半を買い占めようとする。ところが、である。いくら買っても、値が上がらない。そればかりか、株価が下がり、彼の資産はどんどん減ってゆく。この異常な事態はなぜなのか。

それは、かつて彼が破滅させたダニエル・ドリューの仕業であった。ドリューは、倒産後、相場師になり、株式市場を操作し、ウォール街で恐れられていた。そのドリューは、たまたまこのとき、「エリー鉄道」の財政を任されており、株の発行の責任者であった。彼は、ヴァンダービルトのたくらみを知り、復讐の念に燃えて、「水増し株」を大量に発行した。ドリューには、若い二人の腹心がいた。ジェイ・グールドとジェイムズ・フィスク(14)である。「水増し株」の発行は、これら三人が共謀して考え出したものであった。

大量の損害を出した後で、ヴァンダービルトはようやくこれら三人の「陰謀」に気がついた。そして、ニューヨークの役人を（賄賂を通して）牛耳っていた彼は、これら三人の違法行為を告発させた。逮捕状が出た時、すでに三人は多額の金を金庫から持ち逃げし、隣のニュージャージー州に行き、司法の手をのがれていた。ヴァンダービルトは彼らの居所をすぐに突き止めるが、隠れ家の周りにはいつも殺し屋が警護していて、彼らを捕まえることは出来なかった。

しばらくして、ドリュー自らニューヨークに忍び入り、ヴァンダービルトに妥協案を提示しにやって来た。三五〇万ドル分の不正な株の支払額を賠償する代わりに、三人に対す

---

(14) 本書の第13章「相場師、あるいは道化師」を参照のこと。

る告発を取り下げるというものであった。金庫の管理をすべて任されていた三人は、罪を問われずに三五〇万ドルよりも多くの金を持ち逃げして、しかも不正な株の一株当たりの値をコーネリアスが実際に支払った額より低く見積もったため、この勝負はヴァンダービルトの「負け」であった。生涯における唯一の敗北である。そして、この事件に深く関与していたグールドとフィスクは、この後もアメリカの経済界を暗躍することになる。

「ニューヨーク・セントラル」を手中に収めて以後、「鉄道王」ヴァンダービルトの名は、アメリカばかりか、世界にとどろき、アメリカ資本主義の象徴と化す。ニューヨークには、彼の銅像が立てられ、また、「グランド・セントラル・ターミナル」(15)という世界一の規模を誇る駅が建造される。

しかし、このような栄光の絶頂の中にあって、彼の心には孤独感がしのびよってくる。一八六八年、妻ソフィアが死んでから、彼は精神的な空白を満たそうと、「降霊術」に惹かれてゆく。霊媒を通じて、死んだ人間と対話することを欲し、時には、株式相場の趨勢を霊媒から聞き出した。こんな中、アメリカを巡回しているウッドハル姉妹という降霊術を行う謎の二人組が彼のもとを訪れる。彼は、彼女らに住居まで提供し、彼女らを霊媒にして過去の人間と対話した。その関係はあまりにも親密で、ヴァンダービルトが彼女らの容姿に強い性的魅力を覚えていたことは確かである。姉のヴィクトリア・ウッドハル(16)は、彼から株式の情報を聞き出し、投資で儲けていた。そして、女権拡張を訴えて、女性大統

(15) マンハッタンの「ミッドタウン・イースト」、4番街と42丁目の交差点に位置する。

(16) 1838―1927。アメリカの女権拡張論者。女性自由恋愛を主張した。女性参政権運動の推進者たちに支持され、1872年、アメリカ史上初の女性の大統領候補となった。

領になろうと企てたほどである。妹のテネシーは、投資で儲けることもしたが、彼女の野心は色仕掛けでヴァンダービルトの後妻になることであり、実際、口約束ではあるが、彼は彼女と結婚したい意向をほのめかしていたそうである。

しかしながら、このようないかがわしい関係にも、すぐに終止符が打たれる。齢七四歳になるヴァンダービルトは、四〇歳以上年下の女性に恋をし、結婚するからである。彼女の名はフランク・クロフォード。美しき新妻フランクは、従順に彼に仕えた。また信仰心の厚い彼女に影響されて、一時は彼も人一倍、己の罪深さを自覚しようとしていたようであるが、結局は敬虔な信徒にはなれなかったそうである。しかし、妻の影響か、教会の建設に寄付したり、大学の設立(17)に資金を提供するなど、この頃から慈善事業(18)に手を出し始めたことは事実である。

一八七六年五月、それまで病気一つしなかったヴァンダービルトは、末期ガンに侵され、病の床に伏す。株式市場を支配していたコーネリアス・ヴァンダービルトが死ぬと、アメリカ経済全体に影響が出るため、連日記者たちはニューヨークのワシントンプレイス(19)にある彼の邸宅前に集まった。しかし、ある時記者が邸内に入ると、彼は大声で一喝するように、「わしはまだ死なんぞ」と叫んだという。その言葉の通り、彼は精神力で一年余り生き続け、翌年のはじめ、八二歳でその栄光の生涯を閉じた。残された遺産は約一億ドル。

---

(17) テネシー州ナッシュヴィルにあるヴァンダービルト大学。

(18) アメリカの歴史において、大富豪はしばしば自らの巨大な富を投じて慈善事業を行った。ロックフェラーやカーネギーはその代表例である。

(19) ワシントン・スクウェアのすぐ近く（北西方向）に位置する。

これは当時の物価や国民生活水準を考えると一〇〇兆円規模の経済的価値を持つそうである（広瀬隆『アメリカの経済支配者たち』）。一〇〇兆円と言えば、日本の国家予算の一般会計を上回る額である。恐るべし。まさに、コーネリアス・ヴァンダービルトは、アメリカの「ファラオ」であった。

13 ブラックフライデー
──ジェイ・グールド

コーネリアス・ヴァンダービルトが、アメリカの東の鉄道王だとすれば、ジェイ・グールドは、西の鉄道王であると言えよう。彼は、ユニオン・パシフィック社をはじめ、数々の「西部」の鉄道を傘下に収めたことであまりにも有名である。

この西の鉄道王が、アメリカ史の舞台に主役で登場するのは、ヴァンダービルトよりもはるかに若く、三十代の前半である。「ブラックフライデー」と呼ばれる出来事において、彼の名は──というよりも彼の悪名は──アメリカ全土にとどろくことになる。

「エリー鉄道」の仕手株戦で勝利を収めたグールドは、ドリューとヴァンダービルトの話し合いによって、告発を免れるが、その一方で彼は、「エリー鉄道」において返り咲くため、「水増し株」の発行を合法的であると認める法案の可決をニューヨーク州議会に求める。しかし、ヴァンダービルト側の圧力により、法案の可決が困難であるとわかると、グールドは持ち逃げしたグリーンバック紙幣をすべて議員たちへの賄賂にし、その結果、法案の可決に成功する。

「エリー鉄道」は、「水増し株」のスキャンダル以来、評判を落とし、経営状態がおもわしくなかった。そのような状況の下、「エリー鉄道」の社長は、辞任を余儀なくされた。そして、何と後継者には、三十代前半のジェイ・グールドが抜擢される。昨日までお尋ね者だったグールドは、一夜にして、アメリカを代表する鉄道会社のトップに返り咲いたのである！

社長になったグールドは、従来通り、株式市場の操作によって、己の資産を増やしてゆくが、彼の野心はそれにとどまらなかった。今度は、ヴァンダービルトのような大富豪ではなく、アメリカ国家そのものに挑戦するような、大ばくちに打って出る。それは、株式市場ではなく、「金相場」である。株で行ったように、市場の「金」を買い占めて「金」の値を吊り上げ、高値で売りさばき大儲けをするという賭けである。「金」の流通量は国家が調整しているため、グールドは賭けにおいて勝利を収めるためには、国家をみずからの「陰謀」に巻き込むような危険な企てを行わなければならなかったのである。歴史家のヘンリー・アダムズが「グールドの陰謀」と呼び(1)、後にアメリカ史で「ブラックフライデー」と呼ばれる事件がそれである。

(1) ヘンリー・アダムズは、1870年、『ウェストミンスター・レヴュー』誌に発表した「ニューヨークにおける金の陰謀」という論文の中で、「ブラックフライデー」を克明に描き出している。

一八六九年の春頃に、グールドは「金」の買い占め計画を考えつく。しかし、株の時とは違い、はるかに困難な壁が待ちうけていた。なぜなら、グールドが、いくら「金」を買い占めても、市場に混乱が生じないように、財務省が、保管している「金」を売り、「金」の流通量を増やすため、ざるで水をすくうようなものだからである。「金」の買い占めを「金」の高騰につなげるには、財務省の「金」の売りを止めなければならない。しかし、このようなことがいかにして可能だろうか。

グールドは、大統領をはじめ政府関係者とは面識がなかった。彼の一八番である「贈賄」はこれでは不可能である。しかし、彼には千載一遇のチャンスが訪れた。彼の知り合いであったコービンという名の人物が、たまたま、グラント大統領の夫人[2]の兄弟であったからである。大統領の義兄弟のコービンを通じ、グールドは何とか大統領との接触を求める。コービンは強欲で、うまい話にはすぐに飛びつく人物だったので、グールドの説得に一も二もなくなびいた。さすがに、「金」の買い占めについてはあからさまに言うことはなかったが、グールドは次のような理論をもとにコービンを説得した。それは、「金」の価格が上昇すれば、アメリカの穀物が売れるというものであった。これは、少し説明が必要であろう。

当時、アメリカの通貨は、グリーンバック紙幣[3]と「金」の二種類が流通していた。国内での取引は、グリーンバックが用いられたが、外国の商人との取引では、「金」が用いら

---

(2) ジュリア・グラント。1826―1902。セントルイス近くのプランテーションで育ち、陸軍士官学校の兄の友人であったグラントと知り合う。グラントが軍人であった時、彼女は積極的に戦地に赴くなど、勇敢さを示した。また、グラントの大統領時代は、華美な暮らしをし、閣僚たちの妻をすべて味方につけ、巧みな社交術で知られた。ホワイトハウスを去った後グラントは破産するが、『回想録』を執筆したため、その印税により、ジュリアは死ぬまで暮らしに困らなかった。

(3) 本書の第7章「C・S・Aの紙幣」の脚注を参照のこと。

れていた。アメリカの商人は、農民から穀物を買う時グリーンバックで支払うが、穀物を外国の商人に売って輸出する際には、外国の商人から「金」を受け取っていた。そのため、もし「金」の価値がその間（およそ二週間ほど）に上昇すれば、アメリカの商人は儲かるということになる。そして、「金」の価格が上昇すれば、アメリカの商人はより多くの穀物を買い取って輸出をするようになる、というわけだ。一方、農民の側にとっても、「金」の価格の上昇は得になる。当時、主要な穀物の価格は、ロンドン市場で「金」の価格をもとに定められており、「金」の価格が上昇すれば穀物の価格も上昇した。それゆえ、「金」の上昇によって、農民はいっそう多くのグリーンバックを手にすることになり、穀物をいっそうアメリカの商人に売りたがるということになる。このような「金」の価格の上昇によって、輸出が促進されれば、安いアメリカの穀物がヨーロッパやロシアの穀物を打ち負かし、アメリカ経済全体が豊かになるというわけである。

このような論法（これはグールドの考え出したものではなく、ジェームズ・マックヘンリー(4)というイギリスの金融業者の理論を借りたものだが）に加え、実際、コービンが「金」に投資して「金」が上昇すれば大儲けが出来るとそそのかしたため、コービンはますます積極的にグールドに協力することになるのである。しかし、グールドの野望は、コービンの想像を超えていた。まずは、「金」の買い占め。それは政府がたとえ「金」を売らない場合でも、到底不可能なように思われるが、当時の経済事情を考えればそうではなかった。アメリカ

(4) ジェームズ・マックヘンリーは、アメリカの「アトランティック・アンド・グレート・ウェスタン鉄道」（中西部とニューヨークをつなぐ）の後援者である。彼の「理論」は単なる理論にとどまらず、彼自身が実際利益を得るために考え出した方法であった。

の商人たちは、グリーンバックが主な流通貨幣であったため、「金」をほとんど持っておらず、「金取引所」で両替して「金」を手にし、また外国の商人から受け取った「金」をすぐにグリーンバックに両替していた。そのため、実際に「金」を手にしているのは数日であり、「金」が市場に出回る量はそれほど多くはなかったのである。また、グールド一人の力で「金」の買い占めが可能なのかという疑問が生じるが、これも次のような策で実現可能であった。グールドは、数十人のブローカーを支配下に収めていたため、彼の命令一つでブローカーたちは「金」の買いに回るからである。また、グールドは第一〇国立銀行を牛耳っており、銀行預金高を上回る不正な小切手の発行が可能であったからである。

さらに、グールドの「陰謀」のネットワークはコービンの想像を超えていた。穀物の輸出の増大はアメリカのためではなかった。穀物が増えれば、「エリー鉄道」で運ぶ貨物の量が増え、「エリー鉄道」の経営状態がよくなるというのがその実態であった。さらには、会社の経営状態がよくなると、「エリー鉄道」の株の値段が上がり、株を大量に所有しているグールドは儲かるわけである。

そんなこととはつゆ知らず、コービンは、六月半ば、グールドをグラント大統領とひきあわせる。

ヴァンダービルトと仕手株戦を演じた仲間であるフィスクが己の船にグールドとグラントを招くなど、大統領に最大限のもてなしをしてから、グールドは（正確に言うと、最初に口火を切ったのはフィスクであったが）、グラントの意中を探ろうとする。グラントは答えた。「戦後のバブル経済は少し引き締めなくてはならない」、と。これは、政府が、「金」価格を下げるために「金」を売るということを意味していた。グールドにとって、それは予想外のことであった。しばらくは、「金」の買い占めの「陰謀」を推し進めることが出来なくなってしまった。おまけに、最大の協力者となりうるフィスクは、大統領の方針を聞いて、「陰謀」に加わることをためらうようになった。

しかしグールドはこんなことで諦めなかった。コービンに「金」の投資を勧め、グラント夫人にまでコービンを通じて「金」の投資をさせようとした。また、「金」の売りによって市場を調整するという姿勢を崩さないバウトウェル財務長官(5)が難攻不落だと知ると、ポストのあいた財務次官に、自分と親密な人物を送り込んだ。こうして外堀を埋めながら、虎視眈々と好機の到来を待った。

それは九月のはじめにやって来た。グラントは、困難な「南部再建」問題に追われ、「金市場」の問題は二の次であった。しかも、自分の親友であるローリン将軍(6)の突然の死の悲しみによって、ひどく気落ちしていた。そんな中、グラントとグールドは再度会見した。グールドは、すでに例の「金の価格の上昇と穀物輸出の増大」の理論をグラントに対して述べていた。特に、「世界におけるアメリカの躍進」を強調していた。今年は穀物が特に豊作であることを知っていたグラントは、このときはグールドの理論の誘惑には勝てな

(5) 1818—1905。1851年、マサチューセッツ州知事。再建時代は、「急進的な共和党議員」として、ジョンソン大統領の弾劾裁判で主導的な役割を果たす。1869—73年、グラント政権の財務長官。

(6) 1831—69。北軍の将軍。南北戦争において、グラントの腹心であり、グラントの昇進とともに彼も昇進していった。グラントの最もよき理解者であり、「親密で影響力のある助言者」であったため、グラントはローリンの死にひどく心を痛めた。

かった。そして、財務省に次のような手紙を書いた。「大統領の命令があるまで、金を売ってはならない。」

この手紙の内容を知ったグールドは、いよいよ「金」の買い占めを本格的に開始した。すると、「金」の値段は少しずつ上がり始めた。彼の「陰謀」は難なく成就するかに見えた。

しかしながら、ここでグールドは、予想だにしない困難に直面する。自分の一番信頼していたブローカーの一人が、「金」の価格の上昇から利益をせしめようと売りに回ったのである。上がり始めた「金」価格も、再び下がり始めた。これを見たグールドは、今回の企てからは抜け出してしまったフィスクに再度助力を請わねばならなくなる。フィスクは、こうした派手な賭けが大好きであったため、危険は承知であったが、グールドの一味に再び加わることを同意する。そして、多数の手下のブローカーに指令を送った。

再び「金」価格が上昇してきた九月半ばすぎ。今度は、絶体絶命とも言うべき事態が生じる。コービンの「金」に対する投資、そしてグールドとの密接な関係が、グラントの耳に入り、グラントは怒りを覚え、コービンに投資を止めさせようと決心する。このグラントの意向は、グラント夫人からコービンの妻へ宛てた手紙を通じて、コービンに伝えられた。グラントの怒りに触れたコービンは弱腰になり、投資を止めたいとグールドに申し出る。しかし、グールドはそれには応じず、この手紙のことは絶対に口外しないよう強く言い含める。

しかし、このように、グラントに疑惑を抱かれた以上、いずれ政府が「金市場」に介入してくることは時間の問題だったので、グールドはこの頃から、ひそかに己の「金」を売りに出し始める。それも表面上は買っているように装いながら、腹心のブローカーを通じて「金」の売却を始めた。もちろん、売った「金」をフィスクに売ることがないよう細心の注意を払った。グールドは、フィスクにはグラント夫人の手紙の内容を一切知らせなかったため、フィスクは狂ったように「金」を買い続けた。そのため、グールドが売っても、「金」は上昇していた。

九月二三日木曜日。夜。財務長官のバウトウェルは、大統領に急ぎ会見を求めた。その席で、バウトウェルは、ウォール街で「金」の買い占めが行われている紛れもない情報を大統領に伝えた。そして、このままでは、金融恐慌が起こると警告した。グールドに疑惑を抱いていたグラントは、このときは決断が早く、「金」を売るかどうかを財務長官に一任した。

そして運命の金曜日。九月二四日。すでに人々の間では、いつ政府が介入するかが論じられており、この日も不安なまま、「金」の取引が開始された。二〇〇ポイント[7]近くまで「金」を吊り上げて売りに転じよという指令を受けていたフィスクは、「金取引所」近くにある建物の一室で、応援団長のように「金」の買いをあおった。一方、その脇のグール

---

(7) 金価格は、1トロイオンス(約31グラム)当たりの価格であり、それを表示する指数がポイントである。たとえば、ドル建てで、金価格が1トロイオンス100ドルから110ドルに上昇したら、「10ポイント」上昇ということになる。現在でも、債権や先物や株式に関し指標として「ポイント」を用いており、それぞれ異なった表示方法をとっている(たとえば、上昇率・下降率を表したり、1ポイント何セントとしたり、また価格を額面通りポイントで表示するなど)。「ブラックフライデー」の当時、ポイント表示は、ちょうど現在の株式のように価格をそのまま表していた。それゆえ、「200ポイント」とは「1トロイオンス当たり200ドル」ということである。

ドは、沈黙を守り、政府の介入がいつになるのか予想しながら、己の「金」を売りに出すようひそかに指令を出していた。

そして正午近く。「金」価格は一六〇ポイントを示していた。啓示が下ったかのように、グールドはいきなり立ち上がった。そして己の「金」をすべて売るよう命じた。

その数刻後であった。ウォール街に衝撃が走った。「バウトウェル財務長官は政府の金を四〇〇万ドル売りに出すよう命じた」とのニュースがもたらされたのである。

ブローカーたちの「買い」の声は、一瞬にして「売り」に転じた。「金」価格は、見る見る間に下がり始めた。フィスクは、いまだ「買い」の声をあげて狂ったように笑っていた。「金取引所」では、強気筋（Bull）のブローカーたちが、瀕死の雄牛（Bull）のごとく、呻き声をあげていた。

結局、「金」の暴落は止まらず、その日の「金取引所」は閉鎖された。

これが、「ブラックフライデー」の一部始終である。かくしてグールドの「陰謀」は、失敗に終わったのである。もちろん、一投資家として自分の利益を守った点では、完全な失敗とは言えないだろう。しかし、「エリー鉄道」の社長としては、成功していなかったといえる。金価格を自分の思惑通り吊り上げる前に、政府が逆襲してきたからである。「エリー鉄道」の「帝王」になる野望は挫折したのだ。実際、こののち数年で、彼は「エリー鉄道」のトップの座を追われることになる。そして、その後、「西部」に可能性を求め、「西部」の鉄道王として君臨するにいたる。(8)

(8) グールドは1870年代、「ユニオン・パシフィック」をはじめ、いくつかの西部の鉄道を支配下におさめた。そこでは、労働者たちが組合を結成することをあらゆる手段を使って妨げ、労働者を冷酷に扱い搾取した。また、「ウェスタン・ユニオン・電信会社」も手に入れた。

14 相場師、あるいは道化師
――ジム・フィスク

一八三五年のエイプリルフール。ニューイングランドのヴァーモント州(1)に、ジェイムズ(ジム)・フィスクは生まれた。父は、衣類、金物など生活必需品を扱う行商人であった。母はジムの幼い時に亡くなり、その後すぐに父は再婚した。ジム・フィスクは商才に恵まれていたため、若くして仕事を任され、父と事業を二分し、父をしのぐ売上成績をあげていた。また、父は行商の傍ら、タヴァーンを経営していたため、ジムは給仕として、あるいはユーモラスな話をして客をもてなしたという。そして、宿泊客から、アメリカ各地の出来事を聞き出し、タヴァーンに備わっている新聞雑誌等を読むことで、豊かな知識を蓄えていった。

ある日、このタヴァーンに、サーカス団(2)が泊まりにやってきたが、サーカスの人員が一人足りないことを知るや、ジム・フィスクはすぐにサーカス団に加わり、アメリカ各地を巡回した。サーカス団における経験は、持ち前のショウマンシップにさらに磨きをかけ、

---

(1) マサチューセッツ州の北、ニューヨーク州の東に位置する。面積は約2万5,000㎢の小さな州。州都はモントピリア、最大都市はバーリントン。

(2) アメリカのサーカスは、1793年、ジョン・ビル・リケッツがフィラデルフィアで始めた。これは曲馬芸のショーであった。また、サーカスのもう1つの流れには、巡回動物園があった。これらは、アメリカじゅういたるところを旅して回った。そして、P・T・バーナムという興行師はこれら2つの流れを統合し、現代のサーカスの礎を築いた。

同時に、商売における広告の重要性を認識させた。(3)

サーカス巡業から家業に戻ると、さっそく彼は行商用の馬車をけばけばしく塗りたて、金文字で「ジェイムズ・フィスク」と名を掲げ、サーカス団さながら人目につく行商を行った。そのため、彼が各地で軽快に四頭馬車を走らせていると、農作業をしている人々も仕事の手を休め、ぎらぎらと光る彼の馬車を眺めていたという。派手な行商により、彼は売上を着実にのばし、人を雇って商売の範囲を広げていった。そして、彼の評判と実績は、行商の仕入先であるボストンの「ジョーダン・マーシュ商会」の知るところとなり、彼はそこのセールスマンとして雇われる。

時はちょうど南北戦争が始まった頃。物資が不足し、政府は兵士たちに供給する必需品を緊急に求めていた。そこにフィスクは目をつけた。「ジョーダン・マーシュ」は、以前に毛布を大量に注文し、倉庫に保管したままになっていたが、それをフィスクは買値の約三倍の値段で売り、大儲けをした。次に、軍に支給するある品物の買い占めに奔走する。政府がある品を大量に注文する予定であると聞きつけると、その品を製造する唯一の工場を手に入れるという大胆な行動に出た。それは、タッチの差の離れ業であった。なぜなら、彼が工場を手に入れてから、わずか一時間で政府から注文が入ったからである。また、彼は綿花を手に入れるため、命知らずの危険な賭けに出る。それは、前線を突破して南部領内にひそかに入り込み、綿花を安く購入して北部の工場に高値で売りつけるというもので

(3) サーカスにおいてはとりわけ広告の役割が重要であり、また、広告媒体の中でサーカスのポスターは最も派手なものだった。フィスクは、サーカス団の一員として巡回する中で、このような広告媒体の重要性について実地に学び取り、また誇張した派手なサーカス広告を、行商に応用したと思われる。サーカスと広告の関係は、しばしば研究書において指摘されている。

あった。この企ては、はじめのうちは成功したが、戦争が激しくなってからは、南部領内への侵入に失敗し、多額の資金を失うという痛い目に遭った。

アンティータムの戦い以後、負傷者が特に多く出るようになると、フィスクは医療品の仕入れに奔走し、商会は政府との独占契約をいくつも獲得する。ただし、こうした活動において、フィスクはただ金儲けばかりが目的ではなく、ボランティア精神で同胞の救済に当たろうとしていたことも事実である。彼は、稼いだ金を贅沢に費やすばかりでなく、実際、貧困者や、病人の救済に当てている（そのために、あまり彼はお金が貯まらなかった）。

終戦直前には、こんなエピソードもある。それは、南部公債に関するスリリングなマネーゲームである。南軍が降伏すれば公債の価値が下落する。その前に公債を売るために、公債を大量に持っている投資家たちに南軍降伏の知らせをいち早く知らせるというものである。実際、フィスクの指示によって、ロンドンの投資家たちのある者たちに、数日早く南軍降伏の知らせが伝わったため、投資家たちは下落する前に高値で公債を売ることが出来た。そして、その後正式に南軍降伏の知らせがロンドンに伝わると、公債の価値は、ただ同然になってしまったという。投資家たちは、そのただ同然の公債を再び買い取ったという。つまり、公債は元のまま。お金はほとんど取り戻すというマネーゲームである。

戦後になると、フィスクは商会の方から、共同経営者になってほしいと依頼されるが、彼はこれを引き受けない。なぜならば、フィスクは人と同じことはしたがらない、独立不羈《き》の精神の持ち主であったからである。彼は商会の方からかなりの額の金を受け取り、自分の商売（繊維類）を始める。しかし、時が彼に味方しなかった。戦後の反動で、物は全く売れず、倉庫に山積みになるというありさまだった。そのため、彼は店を売り、いくらかの金を残して別の事業に乗り出そうと決心した。

戦争中の綿花や公債のマネーゲームは、投資に対する彼の欲求を駆り立てた。そのため、彼は今度はボストンから、ニューヨークに居を移し、ウォール街で株の投資に乗り出そうと考える。しかし、株は全くの素人。インサイダー情報もなく、まんまとだまされすっからかんになってしまった。そのとき、彼はこう叫んだという。「ウォール街がおれを破滅させた。今度は、ウォール街に償ってもらうぞ！」

ほとんど一文無しになったフィスクは、ここで運命的な邂逅《かいこう》をする。ジョン・グールディングという名の青年との出会いである。青年は、綿を織る機械に関連する専売特許を持っていたが、人々はそれに何の関心も持たず、彼は失意のうちに故郷に帰ろうとしているところだった。青年から図面等詳しい説明を聞くや、目ざといフィスクはそれが金になるといち早く判断し、青年からその専売特許をゆずりうける。そしてその専売特許を元手に、起死回生し、再びウォール街に戻ってくる。その後、株について独学で学び、株で成功し、資産を蓄えてゆく。

時代はヴァンダービルトら大富豪の時代(4)に移りつつあり、フェリー業ではライバル業者

（4）19世紀後半には、ヴァンダービルトばかりか、ロックフェラー、モルガン、アスターなどの大財閥が勢力をのばした。

が次々に排除されていった。ダニエル・ドリューもその一人。彼は、フェリー業を諦め、相場師としての人生を始めようとしていた。そのため、所有している船舶を売り、資産を整理する必要にかられた。そんな時、彼の前にフィスクが現れ、ドリューの船を買いたいと申し出た。ドリューはフィスクに船を売り、己は株の世界へと乗り出していった。しかし、この二人の関係はこれで終わらなかった。フィスクの投資家としての才能をいち早く嗅ぎつけたドリューは、フィスクを配下のブローカーの一人に加え、ニューヨークに事務所までつくってやった。そして、二人で協力して、株の買い占めに乗り出し、数年後には「エリー鉄道」を牛耳るまでになった。また、フィスクは一つ年下のグールドという青年とウォール街ですでに知り合いとなっていたが、グールドはフィスクを通じてドリューを知り、以後、三人は共謀して「エリー鉄道」の株を買い占め、会社を乗っ取ってしまう。

ヴァンダービルトとの「エリー鉄道」の株の買い占め合戦では、フィスクは汚れ役を演じている。当時法律によって、発行できる株の量は制限されていた。しかし、フィスクとグールドは、「転換社債」(5)を制限する法律がないため、転換社債を次々に発行し、それを、すべてフィスク名義の株に転換してゆくことで「水増し株」を無際限に発行してゆくという、法の網の目をくぐるトリックを思いついた。「エリー鉄道」は、名義人のフィスクを訴えることが出来るが、「エリー鉄道」を支配しているのはドリューとグールドとフィスクという張本人なので、実質的にこの訴えは無効になることになっていた。このトリック

(5) 社債権者の請求に基づき、一定期間のうちに一定の転換条件で、その会社の株に転換することが許されている社債である。

にだまされ、ヴァンダービルトは大損をし、一敗地にまみれるのである。ヴァンダービルトは、すぐさまこの三人の相場師＝詐欺師を訴える。年老いたドリューは、ヴァンダービルトの訴えはどうせ裁判所で却下されるから、放っておけばよいと楽観視していたが、ヴァンダービルトの恐ろしさを知るフィスクは、今すぐニュージャージー州に逃亡すべきだと力説し、グールドもそれに賛成し、三人は「エリー鉄道」の金庫の金を持ち逃げする。

この事件は、ジャーナリズムをにぎわせ、記者たちは三人の潜伏先に取材に訪れる。ドリューは小心者でおびえており、グールドは冷静沈着で人前にはめったに姿を現さなかったが、フィスクは違っていた。マスコミをにぎわせていることに興奮し、やや得意げになり、自ら記者たちの前に現れ、自分たちのやった行為が、鉄道を独占しようとする悪の権化ヴァンダービルトへの英雄的な戦いなのだと表明し、人々の人気を集めた。この戦いを勝利に導いたのは、ドリューとヴァンダービルトの裏取引(6)であり、かつ、グールドの金による票集め(7)であることはすでにわかっているが、フィスクの目立ったパーフォーマンスが、世論を引きつけ、彼の陣営を有利にしたことは間違いないだろう。

「エリー鉄道」事件における勝利の後、フィスクは、エリー鉄道のオフィスをニューヨークの「オペラハウス」に定め、オフィス内をゴージャスに飾り立てる。また、オフィスのそばに、邸宅を設け、ジョシー・マンスフィールドという名の情婦を住まわせ、贅沢の限りをつくした。また、株で儲けた資産で、船会社を買い取り、自分専用の船も買った。

---

(6) 本書の第12章「アメリカの『ファラオ』」を参照のこと。
(7) 本書の第13章「ブラックフライデー」を参照のこと。

船の名は「ジェイムズ・フィスク・ジュニア」。船内いたる所に、自らの肖像を飾り、ところどころ鏡張りになっている、けばけばしい豪華客船であった。

グールドが「金」の買い占めをたくらんで、グラント大統領を最初に招待したのが、この「ジェイムズ・フィスク」号であった。こんなけばけばしい客船で密談に及んで、果たしてグラント大統領はどんな気分になっただろうか。その日の交渉が、失敗に終わったことは事実である。

「ブラックフライデー」が近づくにつれ、フィスクは祭りの前のように興奮を隠しきれなかった。自ら、「金取引所」に出向き、ど真ん中に立って、不安そうに見守るブローカーたちに向かって、「二〇〇ポイントまで上がるぞ。構わずどんどん買え。買うんだ。」と叫んでいたという。

当日には、さらに派手なパーフォーマンスに打って出た。一〇時に「金取引」が始まる予定であったが、取引所近くの大通りを埋め尽くした群衆の前に、フィスクは、きらびやかに飾った四頭馬車で、女優二人を従えて、現れたという。

このようないでたちでフィスクは堂々と現れたが、彼の色とりどりの衣装は、相場師のそれではなく、結果的には道化師のそれであった。なぜなら、彼は、グールドのために己の全財産をはたいて「金」の買い占めを行ったが、グールド本人がいわばフィスクをだまして「スケープゴート」にしたのであり、それを知らないで「金」を買い続けるフィスクは、まさに哀れな道化であった。

「金」が暴落して、フィスクは怒り心頭に発したが、その段階になってもグールドの「裏切り」をつゆ知らず、怒りの矛先はコービンに向けられたという。彼は、その日の午後、すごい剣幕でコービンの家に押しかけるが、コービンはただ涙を流し、答えるすべを失っていた。コービンも、グールドにだまされたのである。哀れな二人の道化師の対面というわけである。

さて、この後のフィスクの人生はどうなったか？　それは、ポール・ジョンソンが『アメリカ人の歴史』の中で、実に巧みな語り口で、簡潔に語ってくれている。それを引用して、エッセイの締めくくりとしよう。

ともあれ、フィスクは相変わらず強気の姿勢をとり続け、多方面にわたって公益のために自分の財産を費やした。大佐として、ニューヨーク州の第九連隊を復活させ、その楽団に新しい楽器を買い与え、コルネット(8)第一奏者に年俸一万ドルを支払った。連隊の曲目を七百に増やし、大がかりな物見遊山につれていったりもした。さらに、一八七一年一〇月にシカゴで大火災(9)が起きた後、救援に赴き、援助体制を組織したり、生存者の焼失財産救済の基金を設立したりして、名士ぶりを発揮している。

(8) 金管楽器の1つ。郵便馬車の信号用のポストホルンを改良したもの。トランペットに似ているがそれよりも小型である。3つのピストン・バルブがある。

(9) 1871年10月8日に起こった。牛小屋から出火し、中心部にいたる14・5㎢に火は広がり、200―300人の犠牲者を出した。家を失ったものは10万人にのぼり、被害総額は2億ドルに達した。

フィスクは、ニューヨークの演劇、特にオペラの上演に多額の私財を投じ、しょっちゅう女優の配役に携わっていたが、それが命取りとなった。一八七二年一月六日に、かつて情婦だった陽気なジョシー・マンスフィールドのひも、エドワード・R・ストークスに射殺されたのである。遺体は、キャッスル・エリーとも呼ばれているオペラハウスに安置され、何千人ものニューヨークっ子が参列した――みな、フィスクが大好きだったのだ。（別宮貞徳訳）

15 この傷を見よ
――セオドア・ローズヴェルト暗殺未遂事件

ワシントンDCのアメリカ歴史博物館(1)を訪れた時のことである。たまたまその時、博物館では、常設展示に加えて、「アメリカ大統領展」という大規模な特設展示が行われていた。大統領職の歴史的由来、大統領の選挙運動、就任式、大統領の役割と権力、ホワイトハウスにまつわる出来事、民衆の想像力における大統領のイメージなど、「大統領」に関する事柄があらゆる角度から取り上げられており、まさに「大統領の百科全書」といった感を抱かせる展示であった。

その中の一つに、「大統領の暗殺（未遂）事件(2)」のみを取り上げたコーナーがあった。このコーナーでは、大統領の暗殺（未遂）事件に関する歴史的概観、その社会的影響、暗殺者の伝記は言うまでもなく、さらには、暗殺（未遂）事件に関する（事件の記憶を今にとどめる）数々の展示物が所狭しと並べられていた。特に、リンカーン暗殺のコーナーが詳しく、彼がフォード劇場(3)で暗殺された当日のチケット、暗殺者(4)の護送中に彼の顔を隠すため

---

(1) 本書の第24章「ワシントン一日歴史散歩」を参照のこと。

(2) 4人の大統領（リンカーン、ガーフィールド、マッキンレイ、ケネディー）が暗殺されている。

(3) ホワイトハウスの東、FBI本部のすぐ近くにある。ここで、1865年4月14日の夜、リンカーンは観劇中に暗殺された。暗殺された時リンカーンが座っていた席は、当時のままに保存されている。19世紀を代表する劇場で、現在でも劇を上演している。フォード劇場の向かいには、リンカーンが息を引き取った場所である「ピーターセン・ハウス」がある。

(4) リンカーンの暗殺者、ジョン・ブース（1839―65）。

に用いられたフードにいたるまで、あらゆるものが展示されていた。

私は、これらの展示品を眺めているうちに、ある一つの物に出くわした。それは、壊れかけた、古めかしい金属製のメガネケースである。

よく見ると、メガネケースの一部分が少しへこんでいる。このへこみはいったい何なのか？ 展示の詳しい説明を読んでみると、そこには以下のように記されていた。

一九一二年、セオドア・ローズヴェルト(5)は、大統領選の選挙運動中、ジョン・シュランクという名の男に至近距離から撃たれ重傷を負ったが、一命をとりとめた。彼が胸のポケットに入れていた金属製のメガネケースに銃弾が当たり、弾道がそれたためである、と。

ローズヴェルトが、一九一二年に再び大統領選に出馬したことは私も知っていた。しかし、この展示を見るまで、彼が暗殺されかけたという事実は全く知らなかった。歴史の教科書にも、全くこのことは書かれてはいない。そこで私は、ローズヴェルトの伝記、及び、『ニューヨークタイムズ』の記事等を調べてみた。調べるうちに、この事件が、数多くある暗殺未遂事件の一例として取り上げるべきものではなく、そこには、何か極めてドラマティックなものが提示されているように思われた。あたかも、劇的空間を垣間見ているような印象を私は抱いた。それも、事件そのものが劇的なのではない。ローズヴェルト本人が劇的空間を「演出」しているのだ。そして、このような「自己劇化」こそ、ローズヴェ

(5) 1858―1919。第26代大統領。任期1901―09。1897年、海軍次官補。米西戦争の時、キューバで「ラフ・ライダーズ」という義勇兵を率い、勝利を収め、国民的ヒーローとなる。1901年、マッキンレイ政権の副大統領。同年、マッキンレイ大統領の暗殺により、大統領に昇格。革新主義の政策と強硬な外交政策で知られる。冒険家、著述家としても名を馳せた。

(6) 1857―1930。第27代大統領。任期1909―13。1888年、オハイオ州最高裁判所判事。

ルトという人物について何よりも雄弁に語ってくれるように思われる。ローズヴェルト暗殺未遂事件、それは、彼の人生の集約であるといっても過言ではない。とりわけ、そのパーフォーマンス性の……。

セオドア・ローズヴェルト暗殺未遂事件という「劇」。それは、いかなるものであったのか?

一九一二年の大統領選は、混迷を極めていた。共和党は、現職大統領のタフト(6)を支持する派と、再び出馬表明した元大統領のセオドア・ローズヴェルトを支持する派とに大きく分裂した。

一九一二年六月の共和党全国大会では、タフトが統一候補に指名されたが、ローズヴェルトの支持者たちは八月に、第三党である「革新党」を結成し、ローズヴェルトを大統領候補に指名した。一方、民主党は、ニュージャージー州の知事であるウッドロー・ウィルソン(7)を全国大会で指名した。選挙当日まで、二、三カ月しか時間は残されていなかったが、ローズヴェルトは、精力的に全国じゅうを遊説して回った。

一九一二年一〇月一四日。この日の夜、ローズヴェルトは、ミルウォーキー(8)の公会堂で演説をすることになっていた。連日の選挙運動で、喉の調子はひどく悪く、これ以上演説

1901年、フィリピン総督。1904年、陸軍長官。1921年、連邦最高裁判所首席判事。ローズヴェルトが軍事力によって、中南米におけるアメリカの影響力を強めようとしたのに対し、タフトはアメリカの投資の増大によって影響力を拡大しようとした。そのため、彼の外交政策は「ドル外交」と呼ばれる。

(7) 1856—1924。第28代大統領。任期1913—21。1890年、プリンストン大学教授。1902年、プリンストン大学学長。1911年、ニュージャージー州知事。国際連盟の提唱者として、あまりにも有名である。詳しくは、第17章「見者ウィルソン」を参照のこと。

(8) ウィスコンシン州(ミシガン湖の西に位置する)南東部の工業都市。人口約60万。州内最大の都市である。

することは不可能だと医者に制止されたが、彼はそれを押し切って予定通り演説会場へ向かった。

ローズヴェルトがホテルを出て、オープンカーに乗り出発しようとした時、あたりを埋め尽くした群集の中から、見知らぬ男が近づいてきた。男は、意味不明な言葉を二、三語発した後、一発の銃弾を放った。

ローズヴェルトの顔から一瞬表情が消えた。そして彼の体は後方に傾いた。胸の右側をおさえつつ、彼は数度咳込んだ……。しばらくして、彼は意識を取り戻した。血を吐いていないことから致命傷でないと知り、再び元のように立ち上がり、男の方を睨《ね》めつけた。

群集は、ピストルを掲げて叫んでいる男を取り押さえていた。彼らは、その場で男をリンチし殺してしまおうといきり立っていた。それを見たローズヴェルトは、群集に呼びかけ、男に手を加えないように制止した。そして、男を自分の前に連れてこさせ、こう言った。

「哀れなやつ」

そう吐き捨てるように言ったのち、ローズヴェルトは男から視線をそらせた。

次第に、ローズヴェルトのシャツには血が滲み始めた。それを見た医者は、すぐさま病院に行かねばならないと言った。しかしローズヴェルトは、病院に行くことを拒み、公会堂に行くよう指示した。彼はこう言った。「演説か、さもなくば死だ。(9)」

(9) アメリカの政治家パトリック・ヘンリー(1736―99)の名文句、「われわれに自由を与えよ、さもなくば死を」をふまえた言葉。

予定通り公会堂に到着したローズヴェルトは、再度医者に止められたが、制止をふり切って聴衆の前に現れた。聴衆は、ローズヴェルトが撃たれたことには気づかず、万雷の拍手を送った。

会場が静まり返ると、彼は一語一語ふりしぼるように、しかし聴衆にはっきりと聞こえる声で次のように語り始めた。

「私は、たった今、銃で撃たれました。私の体の中には、銃弾が入ったままです。」

それを聞くや、会場は悲鳴につつまれた。

「しかし、私は、演説を行うつもりです。どうか、静かに。長い演説はすることが出来ませんが、お許しください。」

ローズヴェルトの顔は蒼白であった。それを脇で見ていたスタッフらは、彼に演説をやめさせなくてはならないと思った。

その時である。壇上のローズヴェルトは、胴着のボタンをはずし、聴衆に血まみれのシャツを見せた。

「私個人の命よりも、革新主義運動[10]が、私が全身全霊をささげる大義の方が大切なのです。私自身が撃たれるかどうかなど、何の関心もありません。」

会場は恐怖につつまれたが、同時に、賞賛と喝采の嵐につつまれた。ほとんどの者は、ローズヴェルトの演説の詳細には興味がなかった。ただ、壇上で、苦痛に顔をゆがめ、息

---

(10) 20世紀のはじめ、約20年間にわたる政治、社会の改革運動。独占企業に対する規制と告発、ボス政治の撤廃、教育改革、労働条件の改善、食品検査、貧民救済などを骨子とする改革で、連邦政府から、地方自治体にいたるまでこの改革の気運は浸透した。セオドア・ローズヴェルト、タフト、ウィルソンの3人は、革新主義の大統領である。

苦しそうにあえぎながらも、酔いしれたような表情を浮かべ、己の血染めのシャツを誇らしげに示しているローズヴェルトの姿を見て、狂ったように興奮していた……。

演説が終わると、ローズヴェルトは、自分の力で歩いて演壇を後にした。病院で診察したところ、銃弾は右胸に深く撃ち込まれており、致命傷にはならなかったが、かなりの重傷であった。弾の勢いが、コート、そして胸のポケットに入っていた金属製のメガネケース、さらには、同じく胸のポケットに入れていた五〇枚の演説原稿によって弱められ、致命傷にはいたらなかったのである。


アメリカ歴史博物館の大統領展の暗殺コーナーには、銃弾の痕のついたメガネケースのほかに、ローズヴェルトの命を救った演説原稿も展示されていた。

私は、演説原稿を読み、メモをとろうとした。すると、一箇所小さな穴があいているのに気がついた。銃弾が当たった箇所である。穴のあいた部分には、どのような語が記されていたのだろうか？　直前の語は his であり、穴の部分の右側には ple という文字が残されていた。前後をよく読むと、'people'という語がそこにはもともと記されていたことがわかった。

ローズヴェルトの命を救った演説原稿。とりわけ、銃弾の「楯」となった'people'という語。そこには、何か象徴的なものがあると私は感じざるを得なかった。なぜなら、アメリカ史上、セオドア・ローズヴェルト（テディー）[11]ほど「人民」に愛された大統領はいないからである。

（11）セオドア（Theodore）・ローズヴェルトの愛称。有名な「テディーベア」もこの愛称に由来する。1902年の新聞にのったクリフォード・ベリーマンの漫画に、熊の子を撃つのを拒んでいるローズヴェルトが描かれたことから、「テディーベア」という名が生まれた。

16 名判官ローズヴェルト

――日米関係の危機を救う

「セオドア・ローズヴェルトと日本」といえば、誰しも、ポーツマス条約を第一に思い浮かべるであろう。

しかしながら、彼と日本の関係を語る上で、それに劣らず重要な歴史的事件がある。それは、サンフランシスコにおける日系人排斥に端を発する日米関係の緊張・悪化である。この事件は、ポーツマス条約よりも直接的に日米関係にかかわる問題であり、問題の処理の仕方によっては、両国の軍事的衝突に発展する可能性のある大事件であった。その点で、ポーツマス条約以上に大きな意味合いを有する事件であった。

以下に祖述するのは、この日米一触即発の危機的事件の一部始終である。

ポーツマス条約の締結直後、日本では「屈辱外交」(1)に対する不満から「日比谷焼き打ち事件」(2)が起こり、さらに暴動は全国に広がり、多数の死傷者を出したことは周知の通りで

---

(1) ポーツマス条約の内容が、世論が期待したものとは程遠かった(とりわけ、日本がロシアに請求した賠償金が認められなかったこと)ので、「屈辱外交」といわれた。

(2) 講和条約に対しての民衆の不満が爆発し、1905年9月5日、暴動が起こった。暴徒らは、国民新聞社、内相官邸を襲撃し、交番を焼き打ちした。死者17人、負傷者2,000人を出した。

ある。これを機に、日本の反米感情は急激に強まっていった。

一方、アメリカ側の対日感情はどうだったのであろうか。

すでに、一九世紀の末、中国人と日本人の移民の増加と、労働市場への参入とともに、アメリカの西海岸では彼らに対する差別、排斥が始まり、一八八〇年代には、サンフランシスコ市の教育委員会が、中国人と日本人の学童をチャイナタウンに隔離するという決定を下している。

二〇世紀の初めになると、日清戦争と日露戦争における日本の勝利を機に、日本の国際舞台への進出を恐れた欧米諸国は、「黄禍論」(3)を唱え、それにより、アメリカでは日本人労働者に対する差別、就労の自由の制限、日本人移民の制限など、日本人に対する差別的感情が強まっていった。また、日露戦争の勝利以後、日本が中国(清)の東北部の利権をロシアと分け合い、アメリカの資本の参入を阻み、アメリカの「門戸開放政策」(4)の原則にそむくようになると、急速にアメリカの反日感情は強まっていった。

それをさらにあおったのが、一九〇六年におけるアラスカ沖での、アザラシ捕獲にまつわる事件であった。すでに何年にもわたり、日本の漁船がアラスカ沖に現れて違法にアザラシを捕獲するという事件が起こっていたが、一九〇六年七月半ば、アラスカの島でアザラシを捕獲しようとしていた日本人に対し、アメリカのパトロール船が発砲し、五人の日本人が死亡するという事件が起こった。アメリカは、これに対し、自らの正当性を主張し、

(3) 黄色人種がこのまま勢力をのばせば、やがて世界中に禍をもたらすであろうという説。20世紀の初頭、ヨーロッパにおいて顕著になった。特に、H・S・チェンバレンの『19世紀の基礎』(1899—1901)の影響と、日清、日露戦争における日本の勝利という出来事の影響が強い。

(4) アメリカは中国政策において、列強の勢力範囲を認めつつも、すべての国が中国における平等な通商権、関税権、鉄道敷設権を有するべきだと主張した。これは、1899年と1900年に、国務長官のジョン・ヘイが明らかにした政策である。

日本の側の違法行為を批判した。それに対し、日本の愛国主義者たちの一部が猛然と反発し、日米関係は一気に緊張した。

このようにして、アメリカの対日感情が悪化してゆくのだが、一九〇六年に起こったサンフランシスコ大地震(5)は、とりわけサンフランシスコにおける日系人の排斥につながっていった。

サンフランシスコ周辺の日本人移民について詳しい研究を行っている松尾理也氏は、サンフランシスコ大地震と日系人排斥について、次のように述べている(6)。

> 震災前は、日本人町はチャイナタウンに隣接した形であったが、地震を機に売春・賭博などの暗黒面も存在した旧来の日本人町を整理すべきとの意見が強く、新しい日本人町は現在のポスト・フィルモア(7)沿いに移転することになった。

すでに、一八八〇年代に日本人の学童を隔離する動きがあったことは、先に述べた通りであるが、サンフランシスコ大地震は、サンフランシスコ市におけるさらなる学童隔離に対する口実を与えた。松尾氏はそのいきさつについて、明確に記している。

> サンフランシスコ大地震後の一九〇六（明治三九）年十月、同市教育委員会は震災後

---

(5) 4月18日午前4時半、サン・アンドレアス断層を震源として起こったマグニチュード8・3の巨大地震。死者約1、000人。大火災が発生し、3日間燃え続けた。

(6) 松尾理也氏のホームページ「Early Japanese Immigrants」http://www.geocities.co.jp/HeartLand/8808/index.html

(7) サンフランシスコのポスト街とフィルモア街。

の混乱に紛れて、「震災によって学校施設が手狭になった」という理由で、十月十六日の月曜日以降、日本人、韓国・朝鮮人すべての児童は、中国人（東洋人）学校へ通うことを義務づけた。

このようにして、日本人学童隔離事件は起こり、日米関係をさらに悪化させることになるのであるが、それに対して、ローズヴェルトはどのように対処し、行動しただろうか。

ローズヴェルトは、この事件が日米開戦の危機につながりかねないことを十分認識していた。サンフランシスコ市の味方をすれば、すでに極限まで達している日本人の反米感情を爆発させる結果を招くことをよく理解していた。また、サンフランシスコ市の教育委員会よりも日系人を支持すれば、アメリカにおいて燃えさかる反日感情に油を注ぐことになることもわかっていた。彼のとるべき道は一つであった。それは、ポーツマス条約における役割と同一のものである。すなわち、あくまでも「仲裁役」に徹するというものである。

さっそくローズヴェルトはサンフランシスコの教育委員会のメンバーを全員呼び寄せた。教育委員会のメンバーは、強硬に自分たちの行動の正当性を主張しようとしていたが、いざ直接大統領の前にくると、羊のように従順になってしまった。そして、ローズヴェルトの仲裁案に一も二もなく従った。それは、以下のような交換条件からなっていた。つまり、今後、日本側にアメリカへの移民を自粛してもらうという条件で、学童隔離の取り決めを撤廃するという「紳士協定」であった。教育委員会のメンバーは、それほど拘束力のないこの協定を承認し、カリフォルニアへと戻って行った。

しかし、現実には、この紳士協定は守られることがなかった。協定を結んだ後も、多くの日本人労働者がカリフォルニア州に流入し続けたのである。

そのため、サンフランシスコにおける日系人の排斥運動は再び激しくなった。それは時として暴動にまで発展した。

すると日本における反米感情はさらに悪化し、ローズヴェルトのもとにも、日本がアメリカとの戦争を想定して作戦をひそかに立てているという情報がいくつか舞い込んだ。

このような緊急事態を前にして、ローズヴェルトはいかに対処したか。もはや、ポーツマス条約におけるような仲裁役にとどまっていては、いっこうに局面は打開されず、日米関係は悪化の一途をたどることがわかっていた。彼は、これまでも外交に関して、「ビッグ・スティック（棍棒）外交」[8]の名で知られる強硬な政策を打ち出してきたが、今回も危険を覚悟の上で、ある賭けに打って出た。

それは、アメリカの大艦隊を派遣し、世界中の港に寄港させ、ひいては日本の港に現れることで、アメリカの軍事力を日本に見せつけ、日本を威嚇するというものである。ローズヴェルトの側近のある者は、このような危険な賭けは、まかり間違えば、日米開戦の引

（8）セオドア・ローズヴェルトが主として中米、南米に対してとった、強硬で高圧的な外交政策。「手には棍棒を持って、やわらかく話す」というローズヴェルトの方針を表す。モンロー宣言のローズヴェルト版であり、後のアメリカの外交にも影響を与えた。

き金になり、アメリカの艦隊が日本に到着する前に、日本が攻撃を仕掛けてくる可能性があると制止したが、ローズヴェルトはこのような大パーフォーマンスに打って出ることに勝算を見出していた。

一九〇七年一二月一六日、アメリカの大艦隊は出発した。世界中の港に立ち寄り、その威容を見せつけた。このニュースは瞬く間に世界に広まった。すると、アメリカに対して強硬な姿勢をとり続けていた日本政府は、進んでこの大艦隊を日本の港に迎え入れる意志を示した。日本側の招待を受けて、一九〇八年一〇月一八日、大艦隊は横浜に現れた。日本政府は、最大限の歓迎ぶりを示した。パレードが盛大に行われ、子供たちはアメリカの旗を振り、アメリカの国歌を斉唱した。

三日間に及ぶ停泊の後、アメリカの艦隊は再び本国に向けて戻って行った。一時は危機的状況にあった日米関係も、この大デモンストレーションの後、修復に向かった。一九〇九年二月二二日に、大艦隊はアメリカに到着。ローズヴェルトは誇らしげに、満足の笑みを浮かべて、艦隊を迎え入れた。彼は、後にこの出来事について次のように語ったそうである。

私自身の判断するところ、艦隊に世界中旅させたことが、平和に対する最も重要な貢献である。

ローズヴェルトの言うように、世界史的文脈では、ポーツマス条約よりも、「サンフランシスコの学童隔離事件に始まる日米危機」の回避の方が、はるかに重要な事件なのである。

17 見者ウィルソン
――大統領夫人の視点から

第二八代大統領ウッドロー・ウィルソンは、第一次大戦後、国際連盟を提唱したことであまりにも有名であるが、彼はまた、「悲劇の大統領」としてもよく知られている。周知の通り、彼は国際連盟の設立を含むヴェルサイユ条約(1)の批准をアメリカ議会に求めたが、外交委員長のヘンリー・カボット・ロッジ(2)をリーダーとする共和党議員の激しい抵抗ゆえに、提唱国であるアメリカが国際連盟に加盟しないという悲劇的結末を迎えることになる。現在のアメリカにも連綿と続いている「孤立主義」と「単独行動主義」の厚い壁を破ることは、ウィルソンのごとき意志力の強い、決然とした大統領をもってしても不可能だったのである。

悲劇はそればかりではない。上院での承認が得られないため、国民の支持を求めるべく全国遊説の旅に出かけた大統領は、途中、脳血栓の発作に襲われ、半身不随となり、以後、大統領の職務を自分の力で遂行することが出来なくなってしまう。

(1) 1919年1月にパリ講和会議が開かれ、同年6月28日、ヴェルサイユ宮殿で条約が結ばれた。これによってドイツは、アルザス・ロレーヌをフランスに割譲し、海外植民地をすべて失い、多額の賠償金を課せられた。そして、条約の中では、国際連盟規約が定められた。

(2) 1850―1924。『北米評論』の編集者を経て、1887年、連邦下院議員。1893年には、連邦上院議員となる。歴史家、伝記作家としても知られる。

彼の任期の残りは、事実上、大統領「不在」の期間であり、この一年半の間ホワイトハウスの中心は、ファーストレディーであるイーディス・ウィルソン(3)であった。大統領が誰と面会するかを決め、大統領がサインする文書にあらかじめ目を通し、それらを重要度によって取捨選択し、彼がそれらを迅速に処理できるように順序立て、整理していたのはイーディスであった。また、閣僚たちが大統領に代わって職務を遂行しようと申し出ても、それをあくまでも拒み、大統領がたとえ職務を遂行することが困難でも、最終決定権は彼自身にあると主張したのもイーディスである。彼女は、歴史書でよく「影の大統領」とほのめかされているが、正確に言えば、上に述べたように、命がけでウィルソンの大統領職を守ろうとしたのだ。大統領の職は彼女の存在なしには機能しなかったという意味において、彼女はホワイトハウスの要であった。

イーディスがウッドロー・ウィルソンに初めて出会ったのは、一九一五年三月のことである。裕福な宝石商の未亡人であり、自ら経営に全面的にかかわっていた彼女は、ウィルソン大統領の主治医グレイソンを通じて彼と知り合った。当時、ウィルソンは最愛の妻エレン(4)に先立たれ、絶望のどん底にあったが、イーディスと会い、その暖かな人柄に接するうちに、次第に心がほぐれ、イーディスを頻繁に食事に招待し、彼女とゴルフやドライブなどに出かけるようになった。次第に二人は互いに心惹かれてゆき、エレンの死後一年に

(3) 1872—1961。ヴァージニアに生まれる。貴族の家系に生まれた彼女は、幼少期より、何1つ不自由しない優雅な暮らしを送り、結婚後も穏やかな生活を過ごしていたが、宝石商の夫が死去した後は、仕事を一手に引き受け、有能な商売人として成功をおさめていた。

(4) 1860—1914。ウッドロー・ウィルソンの幼馴染であり、物静かな女性であった。ホワイトハウスでは気取らない心のこもった彼女の姿勢が人々に訴えかけた。画家としての才能もきわだっており、印象派風の絵画をのこしている。

もならない一二月に結婚する。現職大統領の結婚のニュースはアメリカ全土をにぎわせ、またイーディスが「ポカホンタス」(5)の子孫であるという事実も手伝って、彼女は瞬くうちに国民的な人気者となる。

翌年、大統領選挙の際には、イーディスは大統領の遊説に同行し、ウィルソンの支持率を高めるのに大きく貢献した。ウィルソンは一一月再選され、政権は二期目に入る。就任式は迫りくる戦争を反映してか、豪勢な就任式舞踏会は開かれず、実に簡素であった。見るべきところと言えば、大統領のパレードに、初めてファーストレディーが参加したということである。

一九一七年四月、アメリカが第一次世界大戦に参戦すると、イーディスも戦時下の大統領夫人としての責任ある行動に積極的に乗り出す。赤十字の制服を身につけ、兵士を見送り、また、ホワイトハウスの緊縮財政にも協力した。たとえば、ホワイトハウスの庭に多数の羊を飼い、草を食ませ、庭師の数を減らし、羊毛を売ってかなりの利潤をあげた。このため彼女は人々に「羊飼い」の愛称で親しまれた。

また、彼女は、ファーストレディーとしては異例なほどの重大な任務を与えられていた。暗号の解読と作成である。大統領がヨーロッパの大使らと交わす機密文書に使う暗号を彼女は教えられており、大統領が作成する機密文書を暗号にしてタイプするという極めて重要な任務も任されていた。そのため、大統領の側近からは、批判的に見られることしばし

(5) 1595—1617。インディアンの王女。イギリス人ジョン・スミスが捕えられた時、その命を助けたと伝えられる。1613年にはイギリス人植民者ジョン・ロルフと結婚しイギリスに渡った。彼女は単なる歴史上の人物ではなく、先住民と植民者をつなぐシンボルであり、さらにはアメリカ神話の原型ともなっている。また、映画や文学でしばしば取り上げられてきた。

ばであり、「秘密の大統領」と陰口をたたかれたほどである。実際のところは、彼女自身は自ら大統領に代わって指令を発したことはなく、その意味で、政治に直接は参加していなかった。しかしながら、大統領をとりまくスタッフらに関して、好悪の感情をあらわに示し、時として彼らの幾人か（たとえば大統領のアドバイザーであるハウス大佐(6)）を解任してほしいと大統領に告げたそうである。

イーディス・ウィルソンが公的舞台でひときわ脚光を浴びるのが、第一次大戦後の講和条約においてである。

ウッドロー・ウィルソンは、初めてヨーロッパに渡った現職の大統領であるが、イーディスも随行し、各国のレセプションに出席し、「女王のように」厚遇された。レセプションばかりではない。驚くべきことに、外交官すら締め出される秘密の首脳会議に立ち会うことを、彼女だけは許された。もっとも、会議を真紅のカーテン越しに垣間見るという特権ではあるが。しかしながら、これはファーストレディーの権限としては史上類を見ないものである。

国際連盟の提唱によって、世界的な成功を収めたウィルソンがアメリカに戻ると、そこで彼を待っていたのは、「栄光」ではなく、「絶望と悲劇」であった。

アメリカの上院(7)は、共和党が多数を占めており、ロッジをリーダーとする議員の一団は、民主党のウィルソンの提唱した「国際連盟」に強く反対した。より正確に言うならば、留

(6) 1858—1938。外交官。ヴェルサイユの講和条約では、アメリカの外交団の一員として交渉に臨んだ。ウィルソンの助言者として、国際連盟の設立にも寄与した。

(7) 上院の権限は強く、その代表的なものは、条約の批准権である。

保条件なしの国際連盟案に反対した。たとえ連盟に加盟しても、連盟と行動をともにするかどうかは、アメリカの自由な選択に任されている、という留保条件がなければ断固反対するというものであった。このようなアメリカの単独行動主義を許すような留保条件は、ウィルソンにとって許しがたいものであった。このような留保条件は国際連盟を骨抜きにすると思われたからである。それゆえ、彼は、留保条件なしの承認を強く求めた。しかしながら、ロッジらは一歩として譲らなかった。

そのため、ウィルソンは、国民の世論を味方につけた上で、国際連盟の承認を再度求めようと考え、全国遊説の旅に出かける。これは、軍隊の死の行軍を思わせる苛酷な旅であった。上院との対決により、ウィルソンは精神的にも肉体的にも極限状態に達していたため、イーディスはこの遊説に反対した。主治医のグレイソンも強く反対した。しかしウィルソンは、もし恒久平和を目的とする国際連盟がつくられなければ、自分が戦地に送って死なせたアメリカ人たちに申し訳が立たない、と悲愴感を漂わせてイーディスらに訴えかけた。これには、どんなにウィルソンの健康を第一に願うイーディスも、言葉を失ったという。

ひと月近くにわたり、遊説は続いた。一日に、数回の移動。それも州から州へ。数回の演説。その他、レセプション、会談にはほとんどすべて出席した。たとえばこんなエピソードがある。モルモン教徒(8)の前で演説をした時、イーディスは密閉された会場の湿気と暑さ

(8) モルモン教は、1830年、ジョセフ・スミスによって始められた。スミスが発見したという「モルモン経」と旧約聖書を聖典とし、アメリカ大陸において「神の国」がつくられることを信じる。2代目の指導者ブリガム・ヤングのもと、ユタ州を本拠としてさらに発展し、拡大した。

のために気を失いそうになり、気付け薬で乗り切ったと記している（『わが回想』）。その時、ウィルソンは、汗まみれになりながらも、普段以上の熱弁をふるい続けていたという。

しかしウィルソンの超人的な精神力にも限界がやってくる。コロラドのプエブロ(9)で激しい頭痛に見舞われ、ワシントンに急遽戻った後、左半身が麻痺してしまい、大統領の職務遂行が不可能になる。

この時から、上述したような「イーディス＝ウッドロー・ウィルソン政権」とでも言うべき状況が始まる。極端な場合、誰か閣僚の一人が大統領に会いたいと申し出た時、イーディス自身がその閣僚の用事がどれだけ重要かを判断して決めた。また、多くの文書を、重要な文書ではないので大統領に取り次ぐ必要を認めないとして、閣僚たちにつき返したという。彼女が「影の大統領」と噂されたのも、このようなファーストレディーとしての権限を越えた行為によるのであろう。

一九二〇年の春になり、ようやくウィルソンが閣議に出席できるほどまでに回復した時、すでに社会は一八〇度変化していた。戦争の反動ゆえ、人々の関心は国際問題から国内問題に切り替わり、国際平和よりも、「平常な暮らし」に対しての関心が高まっていた。すでに上院では国際連盟を含むヴェルサイユ条約は否決され、ウィルソンの敗北は決定的であった。しかしながら、彼は、ドン・キホーテのごとく、夢を捨てなかった。大統領選挙に再度出馬し、再び国際連盟の承認のために戦うと言い張った。しかし、病身で職務の遂

(9) コロラド州中南部の都市。人口10万。ロッキー山脈の麓にあり、標高は約1、500メートルである。工業、農業、牧畜業の中心。

(10) ワシントンDCにおける唯一の大統領博物館であり、そこではすべてのものが、ほとんど当時のままの状態に保たれている。また、ここでは、毎年、ウィルソンにちなんだイベントが行われる。中でも、ウィルソンの生地、ヴァージニア州スタントンへのバスツ

行が困難な彼を支持するものは一人もいなかった。民主党は、彼を指名することなく、また、統一候補を選ぶ際、共和党に遅れをとった。共和党では、国内問題の重視と、「平常な暮らし」を訴えるハーディングが指名され、一一月の選挙で勝利した。

ウィルソンの任期が終了するまで、イーディスの関心を最も惹いたのが引退後の邸宅である。毎日のように、物件を探し、ようやくのことで、現在「ウッドロー・ウィルソン・ハウス」[10]という名で知られるワシントンの大使館区域[11]にある邸宅を探し当てるのである。

一九二一年三月四日。イーディスにとって、ホワイトハウス最後の日である。いつものように、彼女はウィルソンと朝食をとり、ハーディングの就任式に出席するため、黒の帽子、黒のコートを身につけた。

午前一〇時過ぎ、新大統領夫妻が、ホワイトハウスの「ブルー・ルーム」[12]を訪れる。黒一色のイーディスとは対照的に、新大統領夫人のフローレンス・ハーディング[13]は、豪華な「ブルー・ルーム」に合わせたかのように、きらびやかな青一色の衣装で現れた。イーディスは浮いた軽い感じのフローレンスがあまり好きではなかったので、ほとんど彼女とは口を交わさなかったという。

ホワイトハウスを出る時、ウィルソンに対して一斉にフラッシュがたかれた。病身のウィルソンを気遣うイーディスは、記者たちに対し不快な表情を浮かべた。一方のフロー

アーはおすすめ。

(11) ワシントンDCのマサチューセッツ通り沿いには、数十の大使館が立ち並ぶ。とても落ち着いた静かな一角である。

(12) 楕円形の美しい部屋で、レセプションルームである。壁には、建国の父たちの肖像画がかかっている。

(13) 1860―1924。大金持ちの令嬢として生まれた。若くして2歳年上の男性と駆け落ちし、結婚し、離婚した後、ハーディングの熱烈な求愛を受け、彼と結婚する。大統領選挙の運動中は彼に随行し、派手な振舞によって国民の人気と関心を集めた。ウィルソン政権の間人々に対し閉ざされていたホワイトハウスを開放し、ガーデンパーティーを頻繁に開いた。ハーディング大統領の突然死の後、1年ほどして、彼女も死去した。

レンスは、記者たちに秋波を送り、ますます浮かれはしゃぎ、帽子を飾る青いダチョウの羽を振りたてるようにして、颯爽とオープンカーに飛び乗った。

就任式の行われる連邦議会議事堂に向かう車の中で、新大統領夫人は満面に笑みを浮かべて、沿道の人々の声援に答えていた。一方のイーディスは、喪服のようなレースをまとい、新大統領夫人とはほとんど話をしなかった。彼女の心の中を占めていたのは、ウィルソンがこの就任式の興奮の中で体調を崩しはしないかという不安であった。

連邦議会議事堂に車が到着した後、ウィルソンは、正面玄関の階段を上ってゆくことが出来ないため、一階のエレベーターに向かい、苦しそうに歩いて行った。ハーディング新大統領は、このようなウィルソンを一顧だにせず、正面玄関の階段を上って行った。ハーディング夫人は、ウィルソンの困難な歩行の様子をじっと見ていたが、新大統領の後を追いかけて軽やかに階段を上って行った。これを見たイーディスは、強い怒りと憎悪を抱き、それは終生消えなかった。

就任式を前にして、ウィルソンが「プレジデントルーム」(14)で文書にサインしている時、かの宿敵、ヘンリー・カボット・ロッジが、議会の会期の終了を告げるため部屋に入ってきた。あたりには緊張が走った。同席していたイーディスも、夫がどういう対応をするのか不安にかられた。が、ウィルソンはただ、「何も伝えることはない」と事務的に言った。周囲の人々は、胸をなでおろした。イーディスは、いまさらのようにロッジに対する怒り

(14) 連邦議会議事堂は、「モール」から見て、左側(北)が上院の翼、右側(南)が下院の翼であるが、「プレジデント・ルーム」は一番北側(左端)に位置する。ここでは、1933年まで、大統領が任期の最後の一日である3月4日に法案にサインする慣わしがあった。天上にフレスコ画が描かれた、まばゆいばかりの華美な部屋であり、おそらく、大統領を敗北に追いやったロッジですら、この部屋に入ってくる時は厳粛な気持ちで大統領に最大限の敬意と礼をつくしたことだろう。

が込み上げてきた（後に彼女は回想録の中で、「ロッジが世界を五〇年前に引き戻した」と怒りを込めて断罪している）。しかし、冷静さをつとめて保っているウィルソンの姿を見て、彼女は何も言葉を発しなかった。

就任式が終わると、さっそくウィルソン夫妻は新しい邸宅に向かった。イーディスは、車の中で、ハーディング夫人に対する怒りを爆発させていたが、新居の前を埋め尽くした人々の歓迎を前にして、次第に心は和んできた。

新居に入ると、ホワイトハウスのスタッフらが夜を徹して、彼女の指示通りに部屋の準備をしてくれていたので、彼女は感動のため言葉を詰まらせた。彼女がウィルソンの在任中に心血を注いだ赤十字ゆかりの品まで飾ってあるのを見て、彼女は感謝の気持ちでいっぱいになった。また、ウィルソンの健康を気遣い、部屋の調度品がホワイトハウスの時と同じように配置されているのを知り安堵した。

ウィルソンが仮眠をとった後、彼とイーディスは部屋でくつろいでいたが、通りの方が騒がしくなっているのに気づいた。二人は、窓から顔を出すと、通りの群集は何倍にも膨れ上がっていた。二人は何度となく、窓から身を乗り出し、群集の声援に答えた。

そのとき、誰かがウィルソンに演説を求めた。イーディスはそれを聞いて心配になった。今のウィルソンにとって、演説のような激しい行為は致命的なものになりかねないと主治医のグレイソンに聞かされていたからである。全国遊説の時の悪夢がよみがえった。ウィルソンはどんなに健康を損ねていても、民衆のためならば、命を賭して演説をするような人物であった。

しかしながら、ウィルソンは、このとき喉に手をやって、今は演説が出来ないことを群集に伝えた。

この様子を脇で見ていたイーディスは、すべてを理解していた。このときウィルソンが、どんなに多くの言葉を民衆に語りかけたかったか、痛いほどよくわかっていた。

18 パークマン『ポンティアックの陰謀』
――アメリカの歴史文学（1）

一八五〇年代。それは、アメリカ文学史上、最も豊穣な時期の一つであった。ホーソン[1]の『緋文字』（一八五〇）、メルヴィル[2]の『白鯨』（一八五一）、ホイットマン[3]の『草の葉』（一八五五）など、アメリカ文学の傑作がこの時期陸続として現れた。

歴史文学についても然り。たとえば、パークマン[4]の『ポンティアックの陰謀』[5]（一八五一）とモトレー[6]の『オランダ共和国の興隆』（一八五六）。とりわけ、前者は、アメリカ歴史文学史上の最高傑作の一つとして知られている。これは、北米インディアン・オタワ族長ポンティアックとイギリスの間の戦争を扱ったものであり、パークマンの壮大なアメリカ史の掉尾を飾るもの（といっても、この部分が一番先に書かれたのだが）である。

『ポンティアックの陰謀』は、インディアン[7]についての民族学的記述から始まる。そこでは、狩猟を中心とするインディアンの生活様式、母系制氏族社会、神話的・呪術的思考、権力構造などが説明されている。とりわけ、ポンティアックの属している部族（オンタリ

（1）アメリカ最大の小説家の1人で、メルヴィルと双璧をなす。1804―64。代表作として、他に『七破風の家』（1851）、『ブライズデイル・ロマンス』（1852）、『大理石の牧神』（1860）などがある。

（2）1819―91。代表作に、『タイピー』（1846）、『オムー』（1847）、『ビリー・バッド』（未完）などがある。

（3）アメリカ最大の詩人。1819―92。『草の葉』は1855年に初版が刊行されたが、その後何度か増補・改訂された。その自由奔放な詩のスタイルは、後世のアメリカ詩人に大きな影響を与えた。他の代表作として、『民主主義的展望』（1871）がある。

（4）1823―93。北米における英仏の植民地戦争を描いた歴史書で知られ

オ湖北部からオタワ河にかけて住む)[8]について詳しく説明されている。

続く数章では、植民地時代におけるフランスとイギリスの抗争の歴史[9]が記される。カナダ征服によって、イギリスがフランスに勝利を収めるまでの経緯が書かれている。

そして、このような民族学的、政治的背景を描いたのち、パークマンは、本題であるポンティアック戦争の記述に入る。

パークマンは、ポンティアック戦争が起こった要因として、大体四つの点をあげている。

第一に、政治的理由。フランスとイギリスが北アメリカにおける覇権を争っていた間は、両国ともインディアンを己の味方につけようとして、彼らに親和的な態度を示していた。が、イギリスの勝利によって情勢は一変した。もはやイギリスはインディアンの力を必要としなくなり、彼らの土地を侵害し、奪い取ろうとした。そのため、インディアンは、自らの土地と権利を守ろうとして、イギリスに反旗をひるがえしたのである。また、他の政治的要因としては、次のような点があげられる。それは、イギリスに敗北を喫したフランスが、インディアンたちの不満につけこみ、彼らを教唆扇動し、反乱させることで、イギリスに対し復讐を遂げ、巻き返しを図ろうとしたということである。

二番目の理由として、経済的要因があげられる。インディアンたちは、「贈り物」という形で、イギリスとフランスから物資の供給を受けていた。が、イギリスは、フランスに勝利するやいなや、手のひらを返すように、「贈り物」をインディアンに与えるのを拒む

る。ロマン主義的な歴史家の1人。代表作に、『モンカルムとウルフ』(1884)がある。

(5) 富田虎男氏は、『アメリカ・インディアンの歴史』の中で、ポンティアック戦争について次のように記している。「この戦争を、史家たちの多くは、『ポンティアックの陰謀』とか『反乱』と呼んできた。しかしその呼び方は正しくない。なぜならこの戦いは、自立と解放の明確な思想的根拠に立って戦われてきたからである。」

(6) 1814―77。ロマン主義的な歴史家の1人。歴史家であると同時に外交官でもあった。1861―67、オーストリア公使。1869・70、イギリス公使。

(7) 今日「インディアン」という用語は、侵略者側のつけた名称であるため適切

ようになった。そのため、インディアンの暮らしは経済的におびやかされるようになり、彼らのイギリスに対する不満はつのっていった。

第三に、文化的・心理的要因。フランス人は、インディアンと文化的にも人種的にも交わることを拒まなかった。ところが、イギリス人は純血主義を掲げていた。インディアンたち（有色人種）と自分たち白人との間に一線を画していたのである。そして、フランス人がインディアンに対し敬意を示していたのに対し、イギリス人は彼らに軽蔑的態度を示した。このようなイギリス人の姿勢に、誇り高きインディアンは我慢ならなかったのである。

最後に、宗教的要因。ポンティアック戦争直前、デラウェア族[10]の中から、一人の預言者[11]が現れた。その預言者は、「偉大なる精霊」（The Great Spirit）のお告げとして、次のようなことを述べ伝えた。「インディアンたちは原始の生活に立ち戻るべきであり、彼らをおびやかすイギリス人たちをアメリカから追い出すべきである」、と。インディアンたちの神話的・呪術的思考において、「偉大なる精霊」は絶対的なものであった。その命ずるところには必ず従わなければならなかったのである。

これら四つの要因によって生じたインディアンたちの不満、怒り、破壊的衝動。それらすべてを方向づけ、操作し、組織化した人物、それが、ポンティアックである。

パークマン描くところのポンティアック。それは、傲慢で、狡知にたけ、雄弁の才に恵

ではないという理由で、「アメリカ先住民」と言い換える傾向が強い。

（8）カナダの首都オタワのそばを流れる川。

（9）英仏は17世紀から18世紀にかけていくたびか戦争をしたが、本国の戦争は植民地にまで広がった。北米植民地での英仏の最大の植民地戦争は、フレンチ・アンド・インディアン戦争（1754—63）である。これは、イギリス軍とフランス＝インディアン連合軍の間の戦いであった。

（10）デラウェア族。現在のデラウェア州—メリーランド州の東隣）あたりに住んでいた部族。

（11）デラウェア族の預言者の名は、ネオリンである。

まれた人物であり、寛大である反面、冷酷で悪魔的なところもあわせ持つ人物であった。彼は、単にオタワ族の長であるばかりでなく、その影響力は遠くイリノイの地まで及ぶ、カリスマ的存在であった。パークマンは、このようなカリスマ性の由来を次のように説明している。

ポンティアックが族長の息子として生まれたという事実は、彼がどうしてあれほど広い範囲で権力をふるったかを全く説明してはくれない。なぜなら、インディアンたちの間では、族長の息子の多くが落ちぶれて取るに足らぬ存在となり、一方、普通の戦士の子孫がその地位を継ぐということがあり得たからである。アメリカ大陸の荒々しい部族においては、個人的な長所が、威厳を獲得し維持するのには不可欠であった。勇気、堅忍不抜の意志力、手際の良さを具えていてこそ、確実に人々の間で際立つ存在になることが出来た。ポンティアックには、これらすべてが備わっていた……。

一七六二年、冬。ポンティアックは、各部族に使者を送り、イギリスに対する蜂起を呼びかける。

一七六三年四月。彼は諸部族の族長を招集し、戦争のための会議を開く。

そして五月。デトロイト[12]砦の襲撃を皮切りに、戦争の火蓋は切られる。

---

(12) 現在のデトロイトに位置する。ミシガン州の大都市デトロイトは、フランス人がここに立てた砦から発展した。ヒューロン湖(5大湖の1つ)とエリー湖の間にあるデトロイト砦は、交易所、交通の要衝として栄えた。

ポンティアックのデトロイト砦奇襲計画。それは、事前にイギリス側に知られていた。それゆえ、デトロイト砦のイギリス軍は、防備を十分に固めた上で、親英的態度を装いイギリス軍との会見を申し込んできたポンティアックを迎える。すると、ポンティアック自身、相手側の冷やかな態度から、自分の計画が発覚していることを察知し、屈辱にさらされつつ砦を出てゆく。しかしながら、その時、彼の配下の戦士らが武力行動に出たため、ここにデトロイト砦の攻防戦が始まる。

デトロイト攻防戦の記述は、『ポンティアックの陰謀』の中でも、最もドラマティックな箇所の一つである。イギリス側の軍人らのヒロイズム、インディアンの戦士らの怒涛のような動き……。とりわけ、「ブラッディー・ブリッジ（血の橋）の戦い」の章は、本書の圧巻である。そこでは現在分詞の多用、カンマの頻繁な使用という文体論的特性により、人物らの行為の同時性、運動性が見事に表現され、ダイナミックでエネルギッシュな言語空間が創出されている。以下に引用する文章は、そのことをよく示している。これは、インディアンの襲撃を受けたイギリス軍が退却してゆく場面である。

イギリス軍の兵士が背を向けるや、靄の中インディアンたちは側面や後方から突進し、落伍兵の喉を切り裂き、倒れた兵士の頭皮を剥いだ。少し離れたところでは、瀕死の重傷を負った軍曹が身を起こし、退却する兵士を絶望の表情で見つめていた。この光景はダルゼルの目に止まった。銃火のまっただ中、勇敢な兵士ダルゼルは真の英雄的精神をもって駆け出し、傷ついた軍曹を助けたが、そのとき彼は銃弾に倒れ、落命した。

英雄叙事詩を思わせる文章である。とりわけ、最後の文は、複数の動作、出来事を、カンマを多用し一文で表すことにより、それらが一瞬の間に起こったことであることを示している（原文は以下の通り。"That gallant soldier, in the true spirit of heroism, ran out, amid the firing, to rescue the wounded man, when a shot struck him, and he fell dead."）。また、'when'以下の文は、短音節の単語をつらねることによって、時間の流れを垂直的に断ち切るような印象、激しくたたきつけるような暴力的な印象を生み出す。そのため、死が突然、暴力的に訪れる様が表出されている。

同時性は、文体論的レベルで示されるばかりではない。パークマンは、さらに、物語の時間を中断して、デトロイト砦の攻防戦と同時に起きている、アメリカ各地におけるインディアンの襲撃について語る。ミシリマキナック砦[13]の陥落、サンダスキー砦[14]及びセント・ジョゼフ砦[15]の陥落、そして、フロンティア（辺境地帯）における、インディアンによるイギリス人の大虐殺。この虐殺の模様は酸鼻の極みである（第二二章）

目には目を。残虐なのはインディアンばかりではない。インディアンの襲撃を受けたフロンティアの住民のある者は、自警団を結成し、インディアンたちに残虐の限りをつくし

(13) ミシガン湖とヒューロン湖の間に位置する。

(14) オハイオ州北部の工業都市、サンダスキーはここから発展した。エリー湖に臨み、18世紀から交易所として栄えた。

(15) ミシガン湖南端に位置する。1697年に建設される。

た（第二四章）。
デトロイト攻防戦と並び、ピット砦の攻防戦は、本書のクライマックスである。そして、インディアンに包囲されたピット砦[16]を救うため砦に向かう、ブーケ将軍[17]率いるイギリス軍と、インディアンの間の戦いを描いた「ブッシー・ランの戦い」の章は、最もドラマティックな箇所の一つである。

疲れた兵士は、再び敏速さを取り戻し、押し進んだ。その時、前線から銃声が聞こえ、兵士らの間に戦慄が走った。彼らが耳をそばだてると、銃声は次第に大きくなり、すさまじい、耳をつんざくような雷鳴に変わった。行く手の森にさえぎられてはいるが、かすかに聞こえる叫び声は、前線部隊が激しく戦っていることを物語っていた。すぐに最前列の二個中隊は、前線部隊を援護するべく進むよう命じられた。しかし戦火は収まるどころか、ますます激しくなり、銃弾が矢継ぎ早に飛んできたため、敵が大勢で堅固であることがわかった。それを見て、護衛隊は進軍をやめ、全軍は隊列を整えた。そして総攻撃の命が下された。兵士らは銃剣を構え、森を駆け下りた。そして前方のわめき散らす敵を駆逐し、一掃した。

デトロイト砦とピット砦を占領することが出来ないポンティアック率いるインディアン

---

(16) ペンシルヴァニア南西部の工業都市、ピッツバーグはここから発展した。いくつかの河川が合流する場所に位置したピット砦は、交通の要衝であった。

(17) 1719—65。スイスに生まれる。オーストリア継承戦争（1740—48）において頭角を表す。ブラドック率いるイギリス軍はフランス＝インディアン連合軍に惨敗したが、ブラドックより「森の中での戦い」に秀でていた彼はピット砦の奪還をはじめ、数々の戦功をおさめた。

連合軍は、一七六三年秋頃になると、物資も弾薬も尽き、次第に結束力を弱めてゆく。そしてインディアン諸部族は、イギリス側との講和を求めるようになる。

ポンティアックは、イリノイ地方を中心に、西部のインディアンたちと、西部のフランス人の力を当てにして、なおも戦いを続行しようとする。が、フランスは、すでにイギリスとの条約(18)に正式に調印しており、ミシシッピー以東の地をイギリスに割譲している。しかも、ミシシッピー以西の広大な土地も、イギリスとの条約調印直後、スペインに譲り渡してしまった。

こうなると、ポンティアックはもうフランスの力を当てにすることが不可能になり、戦争の続行も困難になる。そこでついに、彼もイギリスとの講和を余儀なくされる。

そして、一七六九年、ポンティアックは悲劇的な最期を遂げる。彼を憎むウィリアムソンというイギリス人の依頼を受けたあるインディアンによって暗殺されるのである。その後、彼の遺体は、セントルイス砦(19)のそばに埋葬される。

『ポンティアックの陰謀』という作品は、ポンティアックの墓についての記述で終わっている。

ポンティアックの埋葬地には、塚もなく、墓碑銘もない。この森のヒーローの眠る場

---

(18) 英仏の講和条約である「パリ条約」は1763年、2月に調印された。当時はヨーロッパからアメリカに情報が伝わるまで、半年近く要したので、講和条約の調印のニュースがアメリカに届くにはかなりの時間がかかったのである。さらに西部の奥地に情報が伝わるまではもっと時間がかかっただろう。ましてや条約内容の実現にいたっては、よりいっそうの時間がかかったと推測される。だから、ポンティアックはいまだフランスの軍事力を当てにしていたのである。しかし実際のところ、彼が戦争を始めた1763年5月には、すでにフランスはイギリスに対して完全敗北を認め、北米から撤退しようとしていたのだ。

(19) ミズーリ州最大の都市セントルイスは、1764年、フランスの毛皮商人が取引所をここに設けたことから始まった。当時の砦

所には、壮大な墓の代わりに、都市が打ちたてられている。そして、彼が燃えるような憎しみを抱いた人々が、彼の忘れ去られた墓を、絶えず踏みつけて歩いてゆく。

ここには、過去（インディアン）を忘却したアメリカ人に対するパークマンの憤りが、静かな形で示されている。

は、軍事的拠点であるとともに、交易所も兼ねていた。

19 アダムズ『アメリカ史』
――アメリカの歴史文学（2）

アメリカでは、一八八〇年代に職業としての歴史家が出現するまで、バンクロフト[1]、パークマンらロマン主義的歴史家が強い影響力をふるっていた。一八八〇年代に執筆されたヘンリー・アダムズの『ジェファソン、マディソン政権下のアメリカ史』（一八八九―九一）は、これらロマン主義的歴史家に特徴的な、人物の文学的でドラマティックな描写を色濃くうけついでいる。

しかしながら、文学的歴史から科学的歴史への過渡期に歴史家として出発したアダムズは、同時に、学問性を重視した「実証主義」、とりわけ、ランケ[2]が一九世紀のはじめに確立した、公文書史料に基づく学問的歴史学の影響を受けている。

ランケが始めたこの新しい手法は、一八六〇年代、学者に対して政府の公文書館が開放されて以来、大いに発展することになり、「ヨーロッパの、それぞれの首都にある公文書館から誕生した新しい歴史学は、今や、ほぼ全エネルギーを政府の動きに集中し、政府の

（1）1800―91。アメリカ最大の歴史家の1人。『アメリカ合衆国史』（全10巻、1834―40、1852―74）で知られる。外交官としても活躍し、駐英公使、駐ドイツ公使をつとめた。

（2）1795―1886。ドイツの歴史家。1次資料（公文書）の批判的検討に基づく学問的歴史学の創始者であり、歴史の客観主義を唱えた。近代歴史学の父である。主な著作として、『ローマ教皇史』（1834―37）、『世界史概観』（1888）がある。アダムズは、ランケの弟子のジーベルを通じて、学問的歴史学を学び取った。

視点から出来事を眺めるようになってきた。」（ハーバート・バターフィールド[3]「歴史叙述」）そしてついに、歴史の中でも「政治史」が主流となる。アダムズも、このような歴史学の影響のもと、公文書史料をもとに、浩瀚《こうかん》な『アメリカ史』（何と全九巻、二、五〇〇ページ！）を書き上げることになる。

しかしながらアダムズは、実証主義的な歴史学に方法論の多くを負っているとはいえ、それに顕著な客観主義（過去が客観的に認識可能であるという考え方）をも同時に受け入れたわけではなかった。ランケのごとく、過去を「本来あったがままに」よみがえらせようとする志向性は、確かに、公文書をはじめとする史料に基づくアダムズの実証的なアプローチの仕方自体に見出されるが、彼が過去の出来事（の意味）を所与のものとして、客観性を有したものとして受け入れているわけではない。なぜなら、アダムズは『アメリカ史』において、客観主義とは対照的に、過去の出来事（の意味）はそれをとらえる「視点」の変化によってともに変化するという多視点的歴史観、そして、コンテクスチュアリズム——「出来事の意味はコンテクスト（文脈）によって、他の出来事との関係性によって決まる」（ヘイドン・ホワイト[4]）——を示しているからである。

それでは、『アメリカ史』におけるこの「多視点的歴史観」、及び「コンテクスチュアリズム」とは、具体的にいかなるものなのであろうか？　以下、それらについて詳しく検討してみよう。

（3）1900—79。英国の歴史家、歴史哲学者。主な著作として、『ナポレオン』（1939）、『キリスト教と歴史』（1949）、『近代科学の起源』（1949）などがある。

（4）1928—。米国の歴史家、歴史哲学者、文学理論家。彼の『メタヒストリー』は、歴史を研究する者にとっての「バイブル」である。

1　多視点的歴史観

近代歴史学の客観主義は、ある事柄に関しての歴史的真実の単一性を主張するが、『アメリカ史』におけるアダムズは、多視点からとらえられた複数の歴史的「真実」を示すことで、このような単一性と袂を分かつ。すなわち、アダムズは、ある出来事、人物を記述する場合、それらをさまざまな視点からとらえることによって、それらのものが有するさまざまな性格、特性、意味、価値を浮かびあがらせる。「さまざまな視点」とは、出来事にかかわった人物の視点、ある人物と何らかの関係を有した人物の視点であり（これら「人物の視点」とは、主として、回想録、手紙などの書き手の視点である）、その出来事や人物について書かれた研究書の著者の視点であり、時には、ジャーナリズムの視点であり、あるいは書き手であるアダムズ自身の視点であることもある。しかも、これらの視点自体が、実に多種多様、変幻自在であり、解釈の視点はいっそう多元化する。

『アメリカ史』のエクリチュールは、これらさまざまな解釈が、せめぎ合い、あるいは補い合うことによって成立しているのである。それは、ドミニク・ラカプラの言葉を用い[5]るなら、「歴史記述の対話性」と言いかえてもよいであろう。

それでは、このような「多視点性」、「歴史記述の対話性」は、『アメリカ史』ではどのように現れているだろうか。

（5）ラカプラの主著『歴史と批評』の中に出てくる言葉。

第一の例として、一八〇一年の記述の冒頭におけるジェファソンの人物描写。アダムズは、自らのジェファソン像（＝解釈）を示すに当たり、その絶対性を主張しない。自分のジェファソン像を、他の人物の有するジェファソン像と並置してみせる。たとえば、ジェファソンの「態度、ふるまい」について述べられた箇所を比較対照してみよう。

「ジェファソンの態度は内気で、冷たい感じがする」（ヘンリー・アダムズ）

「どちらかといえば、ジェファソンの態度は固苦しい雰囲気を漂わせている」（マックレー上院議員）

「ジェファソンは、気さくで、率直で、かなり親密な態度をとる」（オーガスタス・フォスター）

これら三つのジェファソン像は、相補いつつ、多面的で複雑なジェファソン像を形成している。そして『アメリカ史』に登場する主要人物のほとんどが、このような、さまざまな「解釈」の総合、あるいはそれらの選択によって記されているのであり、そこでは、「客観的な人物像」など示されてはいないのである。

第二の例としては、アダムズが、「ナポレオンのルイジアナ売却」(6)という出来事に対して示した、多視点的「解釈」を取り上げたい。彼はこの出来事について、断定を控え、考

(6) 1803年、ジェファソン大統領は、ナポレオンからフランス領ルイジアナを1、500万ドルで購入し、それによりアメリカの領土は倍に増えた。ここでいう「ルイジアナ」は、ミシシッピー川以西の広大な土地を指し、現在のルイジアナ州とは異なる。

えられるだけの解釈を、読者に対して問いかけるように呈示し、読者の判断をあおいでいる。それは箇条書きにすれば、次のようなものだ。

(1) ヨーロッパにおける戦争という視点から[7]――ルイジアナをアメリカに売ることによって、アメリカを味方につけようとした。あるいは、売却によって得られる資金が戦争の遂行に必要だった。

(2) フランスの植民地政策の観点から――ルイジアナはフランスの植民地であるサン・ドマング[8]の供給地であったから、サン・ドマングが独立し、フランスの植民地でなくなると、もはやルイジアナは必要ではなくなった。

(3) ナポレオンのスペインとの関係という視点から――スペインはポルトガルとの和平によってフランスを裏切ったので(当時フランスはポルトガルを攻めようとしていた)、スペインを罰するために、ルイジアナをスペインには売らずに、スペインと敵対関係にあるアメリカに売却した。

(4) ナポレオン個人の深層心理という視点から――ナポレオンは、自分がもくろんで失敗したこと、狙いをつけたが得られなかったものはすべて記憶から抹殺したいという心理の持ち主だった。ルイジアナを基点にアメリカの侵略をもくろんだが失敗したナポレオンは、己の失敗を思い起こさせるルイジアナを売却し、自分の意識から排除したかった。

第三の例としては、ハル将軍[9]に対する解釈。アダムズは、先行する歴史家、研究者たち

(7) ナポレオン戦争において、1802年、アミアンの和約でフランスとイギリスは一時的に和睦したが、1805年に両国は再度、交戦状態に入った。それゆえ、「ルイジアナ購入」の行われた1803年は、ナポレオンの「戦争準備期間」であると言えよう。

(8) 現在のハイチ(カリブ海に位置する)。フランスの植民地サン・ドマングで、1791年に奴隷が反乱を起こし、10年にわたる独立戦争の結果、世界初の黒人共和国が誕生し、「ハイチ」と名づけられた。

(9) 1753―1825。アメリカ独立戦争で戦功を収め、1805年ミシガン準州の知事となる。1812年戦争(米英戦争)では、デトロイトの攻防戦で指揮をとるが、惨敗し、裁判で銃殺刑を宣告される。しかし、独立戦争時の功績により、刑の執行は中止された。

のハル将軍像――弱々しい腰抜けの軍人、国を裏切り、敗北をもたらした反逆者という否定的イメージ――に対して、それとは別のハル将軍の人物像（解釈）の可能性を提示している。彼は、ハル将軍の武勲赫々たる勇気ある戦いぶりを実証し、それを活写している。そして、ハル将軍が反逆者の汚名を着せられたのは、戦況がおもわしくないために爆発した国民の不満のスケープ・ゴートにされたからである、という卓抜な社会心理学的な解釈を呈示している。

その他の「歴史記述の対話性」として顕著なのは、「引用」を通じての「対話性」である。『アメリカ史』を読んで誰しも気づくことは、「引用」の頻繁さと多様性である。演説、手紙、回想録、議事録、法案の草稿、外交文書、新聞記事、パンフレット、などなど、ありとあらゆる様式、ジャンルの文章が引用される。しかも、これらの「引用」は、ただ単に、アダムズの歴史記述を史料的に裏付けるためにのみ行われているのではない。それは、アダムズが自らの記述によっては十分表現できない出来事を、それら「引用」の著者たちに表現させるために行われているのである。そのような意味においては、『アメリカ史』の著者は複数であると言うことが出来るだろう。このような「引用」を通じてのポリフォニー性によって、「解釈」の多元性、多視点化が可能になり、歴史記述のスタイルが多様性を有し、単調さを免れるのである。

以上が、「対話性」の例のほんのごく一部であるが、多視点的手法を考える上で他に忘れてはならない部分は、『アメリカ史』の終わり約三分の一を占めている戦史の部分である。アダムズは、戦争を記述する際に、最も頻繁に多視点的手法を用い、この作品の空間をより立体的なものとしている。そこでは、アダムズはあらゆる角度から――アメリカ側、イギリス側の両方から、個々の人物の視点から、人物たちの背後から、あるいは遠く離れて、山の上、上空から――戦闘場面を活写する。読者は、あたかも空間を自由自在に移動するカメラからとらえた映像を観ているような印象を受ける。その映像は、ある時は鳥瞰図のようであり、またある時は、クローズアップである。さらに、アメリカの各地域の戦闘の同時性が、語りの視点の移動の自在性によって示されるために、作品の空間的な広りは増し、立体性が増す。このような多視点的な手法ゆえに、戦争は、すさまじいスケールと迫力をもって活写されるのであり、『アメリカ史』の後半部分は、戦史というよりも、戦争小説、いや戦争映画としてわれわれの目に映るのである。

この戦史の部分においても、「解釈」のせめぎ合いが見られる。そこでは、上述したように、アメリカ側、イギリス側双方から、同じ戦闘場面が異なった風に記述されているのだが、同時に、戦況、戦果についての両者の見方、主張が大きく食い違う様子が記されている。どちらの側も自らを有利になるように解釈しようとしている点で、これは「解釈」の戦争であるとも言えるのである。そしてさらに、「解釈」の戦争は、戦場から新聞紙上に移される。新聞という「戦場」では、各新聞が党派的な利害をむき出しにして、戦争をめぐっての「解釈」戦争をくり広げるのであり、それぞれの新聞の視点によって戦争は意味づけられるのだ。新聞ばかりではない。戦争について言及する手紙、手記、回想録の著者は、戦争における自分の行為を正当化し、あるいは誇張したり劇化したりするために、実際の戦争が終わって後も「解釈」戦争は続く。これらの「解釈」戦争を記述しているアダムズは、「戦争ぐらい客観的真実の不可能性を痛感させるものはない」とでも言っているかのようだ。

さて、以上が、この作品における多視点的歴史観、多視点的手法であるが、それと並んで重要なのは（場合によってはそれと重なり合うこともあるが）、コンテクスチュアリズムである。この「コンテクスチュアリズム」こそ、アダムズの『アメリカ史』の歴史記述の最大の特徴であり、それについては、以下少し詳しく論ずる必要がある。

2　コンテクスチュアリズム

アダムズの『アメリカ史』のコンテクスチュアリズムを示す例として、ここでは、サン・ドマングの反乱、フロリダ問題[10]、アーロン・バーの陰謀、ロシアの英米和平（一八一二年戦争における）への仲裁、という四つの出来事を取り上げてみよう。

サン・ドマングにおける反乱は、はじめは奴隷たちの奴隷所有者たちへの反乱として意味づけられている。しかしながら、この出来事は、ルイジアナをめぐるアメリカとフラン

(10) アメリカは、当時スペイン領であった「フロリダ」を、軍事力によって脅すことにより購入しようとした。その際アメリカは、ナポレオンの助力を求めた。当時の「フロリダ」は、現在のフロリダ州からニューオリンズにまで広がる領土であった。アメリカは、とりわけ商業・交通の要であった「西フロリダ」を手に入れたいと思っていた。

ス（及びスペイン）の対立という出来事との関係性において、別の意味づけがなされる。すなわち、それは、フランスのアメリカ攻略の「口実」としての意味を有し、かつまた、その「失敗の原因」としての意味を持つのである。フランスは、サン・ドマングでの反乱の鎮圧を「口実」に、大軍を投入し、鎮圧後にアメリカに攻め入ろうとしたのであり、一方、アメリカは、サン・ドマングの反乱軍の粘り強い抵抗のおかげで、フランスの植民地にされずに済んだのである。よって、「サン・ドマングの反乱」という「周縁的」な出来事は、世界史的コンテクスト（文脈）の中で、「中心的」な意味合いを有した出来事と化すのだ。「周縁」と「中心」とは、コンテクストによって相対化する概念であることが、ここでは明確に示されている。

二番目として、「フロリダ問題」。「フロリダ」は、アメリカとスペインの領土拡張（あるいは保持）というコンテクストにおいては、獲得すべき（守るべき）「領土」としての意味合いしか有していないが、ナポレオンの「大陸体制」(11)の強化という出来事との関係性においては、単なる「領土」ではなく、アメリカを「大陸体制」に引き入れるための「エサ」としての意味合いを有する。アメリカとスペインは、「フロリダ」をめぐっての交渉が有利に運ぶよう、ナポレオンの「力」を必要とする。ナポレオンは、「フロリダ」の交渉に関して、スペインにも、アメリカにも、どちらの味方をするのかはっきりしない態度をとり、交渉を出来る限り引きのばすという「じらし外交」、「両てんびん外交」を行うのであ

---

(11) ナポレオンの「大陸封鎖令」（1806）は、イギリスを経済的に封鎖状態におくという勅令であり、また、中立国のヨーロッパ大陸における航行権を無視するものであった。これに対し、イギリスは報復措置として、「枢密院令」（1807）を発した。これは、イギリスの敵国と通商を行う船舶はイギリスに寄港すること、及び、敵国の植民地の物資を大陸に運ぶ際にはイギリスに関税を払う旨を取り決めたものであった。「大陸封鎖令」と「枢密院令」により商業上の中立権を奪われたアメリカは、経済的に大打撃をこうむった。

(12) フェデラリスト党に対抗して、ジェファソンを中心につくられた党であり、州権に重きをおき、農民の利害を代表した。外交的にはフランス支持。現在の「共和党」とは異なる。

るが、それは、両国とも「大陸体制」のメンバーとしたいからである。アメリカは、「フロリダ問題」があるゆえに、ナポレオンに逆らうことが出来ず、次第しだいに、「大陸体制」の同盟者になってゆく。普通アメリカ史において「ルイジアナ問題」の付属物ぐらいにしか考えられていない「フロリダ」が、世界史のコンテクストにおいて、「ルイジアナ」に劣らぬ重要性、価値をおびてくるのである。経済学的に言うなら、「領土」という「使用価値」を有している「フロリダ」は、ナポレオンがアメリカを呼び寄せる「エサ」という「交換価値」を有するのである。

第三に取り上げたいのが、アーロン・バーの西部連邦樹立の陰謀である。これは、アメリカにおける政治的対立というコンテクストからは、リパブリカン党内の派閥争い[12]（ジェファソン対バー）、リパブリカン党対フェデラリスト党の争い[13]（ジェファソン対バーを支持するフェデラリスト）として意味づけられる。一方、アメリカの地域的対立というコンテクストからは、中央対地方（＝ルイジアナのクレオール[14]）の争いとして意味づけられる。また、ヨーロッパでの英仏戦争という国家的対立のコンテクストにおいては、アメリカ政府が支持するフランスと、バーの陰謀に肩入れするイギリスの戦いとして意味づけられているのである。

最後の例として、ロシアが申し出た英米の和平の仲裁。これは、表層的には、アメリカとイギリスの関係の回復をロシアが手助けするという意味しか有していないが、ロシア宮

---

(13) 憲法制定会議において、合衆国憲法を支持した人々が「フェデラリスト」と呼ばれたことに由来する。フェデラリスト党は、ワシントン政権の財務長官ハミルトンを中心に形成され、強力な中央集権政府、工業の発展を唱えた。外交的には、イギリス支持。

(14) 西谷修氏は「クレオール」という言葉について以下のように解説している。「『クレオール』という言葉は、もともとは『植民地生まれ（の白人）』を指すために用いられていた。たとえばフランス人が海外に進出して植民地を作ると、やがてそこで本国を知らない子供たちが生まれる。それを本国生まれのフランス人と区別するために『クレオール』という呼称が用いられるようになった。」（パトリック・シャモワゾー、ラファエル・コンフィアン著『クレオールとは何か』訳者まえがき）

廷内の権力闘争という出来事との関係性において、全く違った意味合いを有するようになる。ロシアの宮廷内においては、親英的な皇帝（アレクサンドル一世）(15)と親仏的な外相ルーマンゾフが敵対していた。ロシアがフランスに宣戦して以来、とりわけアレクサンドルの力がまさり、親仏的なルーマンゾフ(16)の権力が弱体化したが、ルーマンゾフはひそかに権力の奪回を狙っていた。そこで彼は、戦局からしてイギリスに不利でアメリカに有利な（この時点ではイギリスがアメリカに勝っていた）和平の仲裁を推し進め、アレクサンドルの親英的な外交路線を反・英的なものに変えようとしたのである。その意味で、アメリカは、ルーマンゾフによって利用されたのだ。が、この仲裁は結局うまく機能しなかった。それは、皇帝が仲裁に協力すると見せかけながら、いっこうに積極的に和平を進めることはなかったからだ。これは、ヨーロッパの戦争という出来事との関係性において、ロシア皇帝はナポレオンとの戦争のため他国の平和などに関心を払う余裕がなかった、という意味づけがなされているが、ロシア内部の権力争いという出来事との関係で、別の意味づけがなされている。つまり、皇帝は、和平交渉を滞らすことで、ルーマンゾフの権力奪回の企てをくじこうとしたのだ、と。それと同時に、皇帝の一見矛盾する行為――和平交渉を積極的に進めない一方で、それを阻止せず、場合によってはそれに協力する態度を見せるという行為――も、アダムズは、ロシア宮廷内の事情というコンテクストにおいて解釈してみせる。それは以下のようなものだ。つまり、皇帝は、もしナポレオンに負けた場合は、親仏的な

(15) 1777―1825。ロシア皇帝（在位1801―25）。初期は自由主義的だったが、後年、反動的になった。ナポレオンと1812年に戦い、勝利した。

(16) ルーマンゾフ伯爵は、1807年より外相をつとめていた。

ルーマンゾフの助力が必要になるであろうから、ルーマンゾフの意図を全面的にくじくことは出来ないという解釈である。『アメリカ史』においては、アダムズは、この他、あらゆる角度から「和平交渉とロシア」について光を当てているが、それらすべてを記すとなると議論の筋道を大幅に逸脱することになるため、ここではあえて記さないことにする。

これらの四つの例からもわかるように、アダムズはある出来事を語る際、決してその意味を固定することはなく、他の出来事との関係性によって、出来事が置かれているコンテクストによって、出来事の意味、あるいは価値が次々に変化してゆく様を示すのである。出来事の意味は、アダムズのテクストにおいては自己完結せず、増殖し、あるいは修正されてゆくのだ。彼は、自らの解釈の絶対性を主張するのではなく、解釈の可能性を示すだけなのであり、同時に、読者にも彼のようにさまざまな解釈を行うよう誘っているのである。よってアダムズにとって「歴史を書く」とは、意味の定まった出来事を写しとってゆくことではなく、出来事と出来事の関係性を「読む」という行為なのであり、同時にそれは、他の「読み」を許容し、誘発する行為なのだ。

20 ウィルソン『愛国の血糊』
——アメリカの歴史文学（3）

エドマンド・ウィルソン[1]は、ヴァレリー[2]やベンヤミン[3]と並ぶ、二〇世紀を代表する批評家であるが、彼はまた、二〇世紀を代表する歴史家でもあった。とりわけ、彼の文業の二つの峰をなす、『フィンランド駅へ』（一九四〇）と『愛国の血糊』（一九六二）は、単に二〇世紀の歴史書の傑作であるばかりでなく、パークマン、モトレーなどアメリカの文学的歴史の伝統を現代によみがえらせる試みであり、さらに視野を広げれば、アメリカにおける「ギボン」、「ミシュレ」たらんとする野心的で壮大な試みである。

『フィンランド駅へ』は、一九世紀から二〇世紀にかけての社会主義思想の展開をたどった歴史書である。が、それは単なる歴史書にとどまらない。この作品は、革命家たちの「大河ロマン」であり、登場人物らは小説さながら克明に描写され、複雑に関係し合い、生き生きと人間ドラマを演じる。また、ドラマが展開されると同時に、『フィンランド駅へ』の構成自体が一つのドラマ仕立てになっている。それは、三幕物の劇であり、第一幕

（1）1895―1972。『アクセルの城』（1931）、『フィンランド駅へ』（1940）、『愛国の血糊』（1962）は彼の3大傑作である。

（2）1871―1945。詩人であり文芸批評家でもある。代表作に、『レオナルド・ダ・ヴィンチの方法序説』（1895）、『テスト氏との一夜』（1896）、長編詩『若きパルク』（1917）がある。小林秀雄に大きな影響を与えた。

（3）1892―1940。代表作に、『暴力批判論』（1921）、『ドイツ悲劇の根源』（1928）、「複製技術の時代における芸術作品」（1936）などがある。

（4）1798―1874。フランス最大の歴史家。『フランス史』全24巻（1833―67）で知られる。

はフランス中心（主要人物は、ミシュレ[4]、ルナン[5]、テーヌ[6]）、第二幕はドイツ中心（主要人物はマルクスとエンゲルス）、第三幕はロシア（主要人物はレーニンとトロツキー[7]）となっている。読者は、これら三幕物の革命家のドラマを観客として楽しむという仕掛けになっている。

一方、『愛国の血糊』は、南北戦争を扱った歴史書である。この作品も、『フィンランド駅へ』と同じく、単なる事実の通時的な記述ではない。それは、南北戦争にかかわった人物らの「英雄伝」である。そして、『フィンランド駅へ』と同じくドラマ仕立てになっている。とはいっても、ドラマの構成の仕方は大きく異なるものである。『フィンランド駅へ』の場合、時代の流れに沿ってほぼ直線的に、連続的にくり広げられるドラマを、観客である読者が追ってゆくという仕掛けになっているが、『愛国の血糊』のドラマは、直線的に、連続的に進行しない。南北戦争という歴史的大事件を、複数の人物の視点から何度も光を当て、語り直してゆくため、叙述は並列的、円環的、非連続的なものとなっている。小説との比較で言えば、『フィンランド駅へ』は一九世紀的な小説の手法で書かれており、『愛国の血糊』は、二〇世紀的な、モダニズム的な手法で描かれていると言ってよい。エドマンド・ウィルソンは、彼の事実上の処女作といえる『アクセルの城』[8]（一九三一）に収められたジェイムズ・ジョイス論[9]の中で、『ユリシーズ』を「どの方向からでも入ることのできる都市」にたとえているが、まさしく、『愛国の血糊』も、「どの方向からでも入ることのできる」作品であり、読者は、テクストを「解体」して、南北戦争に関するモザイ

（5）1823―92。「イエス伝」（1863）をはじめとするキリスト教起源史は、思想史の傑作である。

（6）1828―93。文芸批評家であり、歴史家でもある。主な作品に、『現代フランスの起源』（1875―94）がある。また、彼の書いた文学史は、日本の自然主義文学に大きな影響を与えた。

（7）1879―1940。革命家。1905年の革命では、ペテルブルク・ソヴィエト議長。そして、1917年の革命では、指導的役割を果たし、その後の内戦では陸海軍人民委員となった。レーニンの死後、「永久革命」を唱えるトロツキーは、「一国社会主義」を唱えるスターリンと対立し、その結果スターリンによって国外に追放される。亡命先のメキシコで、スターリン配下の者に暗殺された。

ク状のヴィジョンを描き出し、それを再構成することが許されている。『フィンランド駅へ』に比べルースでばらばらな構成は、一見すると統合原理を欠いているように思われがちであるが、実のところ、これは、歴史書に二〇世紀的な小説書法をとり入れた全く新しい実験的な試みなのである。

＊

『愛国の血糊』というテクストの構造は、実に複雑である。なぜなら、それは、四つのレベルからなる重層的なテクストであるからである。

第一に、それは、南北戦争の時代（戦争の前後を含む）に生み出された「文学」についての「文芸批評」である。

第二に、『愛国の血糊』は、南北戦争に関与した数多くの人物たちの「小伝」の集合体である。

第三に、この作品は、南北戦争という「劇」を多視点的に、複数的にとらえようとする「歴史書」である。

第四に、それは、南北戦争に見られるイデオロギー（の対立）を分析した「社会科学的な書物」である。

第一の「文芸批評」について特徴的なのは、その対象となる「文学」のジャンル的な広がりと、文体論的なアプローチの徹底性である。ウィルソンが対象とする「文学」の概念

（8）「サンボリスム」の伝統のうちに、イエイツ、エリオット、ジョイス、プルーストらを位置づけた評論であり、日本の文芸批評に多大な影響を及ぼした。

（9）1882—1941。20世紀最大の作家の1人であり、『ユリシーズ』（1922）はモダニズム文学の金字塔である。その斬新な手法と大胆な言語実験は、20世紀の世界文学に絶大な影響を及ぼした。

は、詩、小説、劇といった狭義のものではなく、演説、書簡、回想録などありとあらゆる散文形式を包摂する「広義の文学」である。このような文学概念でとらえた場合、南北戦争期は、アメリカ文学史上、最も多産な充実した時代として際立ったものとなる。

また、ウィルソンの文体論的アプローチ。それは、個々の作家ごとに、微細に柔軟に行われており、ここにすべてを要約することは到底不可能であるが、このような多様性の中にも、ある一貫性を示している。それは何かと言うと、南北戦争期は、アメリカ散文の「文体の転換期」であり、この時期に、「複雑で装飾的で意識的に学識をひけらかそうとする文体」から「直截で簡潔な文体」へと急激に変化したとウィルソンは述べている。とりわけ、彼は、この「直截で簡潔な文体」の具体例を、リンカーンの演説とグラントの回想録[10]のうちに見出しており、それぞれ詳しい文体論的批評をほどこしている。

第二のレベルの「小伝」であるが、これは伝記的批評を得意とするウィルソンの面目躍如といった感があり、この書が出版されると同時に最も高く評価された部分である。確かに、グラント、リー[11]など、南北の将軍を扱った部分は、「プルターク英雄伝」に比せられる傑作である。グラントの将軍としての有能さと大統領としての無能さをするどく対置し、グラントの悲喜劇を鮮やかに描き出した小伝、リー将軍の古代ローマ人風の高潔さと、独立革命に発するヴァージニア人としての一徹さと潔癖さを示し、リーの偉大性を浮き彫りにする小伝は、その一例に過ぎない。『愛国の血糊』においては、老若男女、さまざまな

---

(10) 1885―86年、2巻本として出版される。出版後2年間で約30万部売れ、大ベストセラーとなった。

(11) 1807―70。南軍の最高司令官。1846年、メキシコ戦争において中央部隊の工兵隊長。1852―55、陸軍士官学校校長。1861年、ヴァージニア軍総司令官。南北戦争において、数々の勝利をおさめる。1865年、アポマトックスでグラントに降伏した。

社会的出自の数多くの人物の小伝が記されており、それはさながら、南北戦争期の「人間喜劇」といった感を与える。

第三のレベル、多視点的、複数的歴史については、ウィルソン自らがこの作品の「序文」で明確に記しているので、それを以下に引用しておこう。ウィルソンは、南北戦争期の文学について次のように述べている。

> 人々に読み継がれるこの文学の特有の魅力は、同一の物語が九人の異なった人物の視点によって語られるブラウニング(12)の『指輪と本』のそれにかなり似ている。われわれは、チェスナット夫人(13)の日記の中で、美しい娘「バック」・プレストンに対するフッド将軍(14)の不幸な情熱について読む。また、シャーマンの回想録の中では、そのフッド将軍がアトランタ占領に対して北部の侵略者たちの苛酷な手段に抗議し、シャーマンと論争しているのに出くわす。さらに、このフッドが自分自身の回想録を書いているのを発見する。（中略）リンカーンは、法律事務所の相棒であったウィリアム・ハーンドンが見る時と、アメリカに帰化したフランス人ド・シャンブラン侯爵が見る時と、南部同盟の副大統領であったアレクサンダー・H・スティーヴンズが見る時と、さらに若きオリヴァー・ウェンデル・ホウムズ大尉(15)が見る時とでは何と異なって見えることであろうか！　グラントの姿は、ヘンリー・アダムズ、チャールズ・フランシス・アダムズ(16)のそれぞれには何と

---

(12) 1812—89。ヴィクトリア朝を代表する英国詩人。代表作に、『男と女』（1855）、『指輪と本』（1869）がある。『指輪と本』はイタリアの町で起きた殺人事件を、複数の視点から「ドラマティック・モノローグ」形式で語ったものである。詩作品ではあるが、内容的には小説作品を思わせる。芥川龍之介の『藪の中』は、この作品をふまえていると言われる。

(13) 1823—86。彼女は、南北戦争中の暮らし、状況を日記に克明に記し、それは日記文学の傑作となった（1905年出版）。上院議員、ジェームズ・チェスナットの夫人である。

(14) 1831—79。南軍の「テキサス旅団」を指揮したことで知られる。

(15) オリヴァー・ウェンデル・ホウムズ・ジュニア。

違って映ることか！（中村紘一訳）

ウィルソンはここで、自分が批評の対象としている南北戦争期の文学について語っているのであるが、実のところ、『愛国の血糊』というテクストの構造についても「種明かし」をしている。なぜなら、『愛国の血糊』は、『指輪と本』というブラウニングの詩作品の手法（これは二〇世紀的手法の先駆けである）を、歴史に応用することで出来上がっているからである。『指輪と本』と同じく、『愛国の血糊』も、「事件」を「複数の視点」から「多面的」にとらえようとする作品なのだ。そこでは、客観的で一元的な南北戦争の歴史ではなく、さまざまな個人（それも、異なった地域、階級、人種、性別に属する個人）によって主観的に、多元的にとらえられる南北戦争像のモザイクが示される。読者は、それをモダニズムの作品（たとえば、フォークナー[17]の『響きと怒り』）を読む時のように、解体し、対置し、つなぎ合わせ、推理し、再構成してゆかねばならない。

第四のレベルである「イデオロギー」の研究についてはどうだろうか。実は、このレベルこそ、あまりウィルソン批評史において詳しく言及されることはないが、『愛国の血糊』の最も重要で、斬新な部分なのである。それは、近年アメリカ研究において、「ニュー・アメリカニズム」という一派を中心に行われるようになった「アメリカ・イデオロギー」[18]研究の先駆けであり、しかも、抽象的で一元的な単純化へ陥りやすい「アメリカ・イデオ

1841―1935。南北戦争中は、北軍に大尉として従軍。戦後、弁護士となり、ハーバード大学法学部教授となる（1873―82）。1902年から1932年まで、合衆国最高裁判事をつとめた。

(16) チャールズ・フランシス・アダムズ・ジュニア。1835―1915。ヘンリー・アダムズの兄。鉄道問題に詳しく、エリー鉄道の腐敗を暴いたことで知られる。父（チャールズ・フランシス・アダムズ）の伝記を書き、自叙伝も著した。

(17) 1897―1962。ヘミングウェイと並ぶ20世紀アメリカの文豪。代表作に、『響きと怒り』（1929）、『八月の光』（1932）、『アブサロム、アブサロム！』（1936）がある。『響きと怒り』は、南部の旧家コンプソン家の没落と崩壊を描き出した悲劇であり、言語実験の斬新さ

ロギー」研究とは一線を画している。

ウィルソンは、南北戦争を、単なる軍事的な、政治的な、経済的な対立、衝突とは見なしていない。彼は、それを「イデオロギーの戦場」と見なしている。彼は「序文」において、アメリカの戦争史を概観し、アメリカが戦争を行う時に掲げるイデオロギーとして、「神と栄光の歌」、「アメリカの夢」、「アメリカの生活様式」、「自由世界の擁護」といった言葉を例として取り上げているが、この作品の中で彼は、南北戦争という歴史の局面においてどのようなイデオロギー装置が働いているかを、数多くの事例を引き合いに出して分析、検証している。そして、ウィルソンは次のように結論している。南北戦争とは、「北部のイデオロギー」（「北部神話」）と「南部のイデオロギー」（「南部神話」）の戦いである、と。

「北部のイデオロギー」とはいかなるものか。ウィルソンの言葉を引用しよう。

> 戦時中の国民の心は必ず神話に支配されていて、その神話は闘争をメロドラマに変え、それぞれの側に自分たちは何らかの形の悪と戦っているのだと感じさせることが出来る。「最後の審判」というこのヴィジョンは、北部の神話であった。
>
> 南軍は蛇であり、神の遣わす英雄はそれを殺さなければならない。この英雄が自分自

と時間処理の複雑さにおいて、モダニズム文学の頂点をなす。

(18) アメリカを代表する批評家でハーバード大学教授のサクヴァン・バーコヴィッチの一連の著作はその代表例である。

身の敵でもあり、また神の敵でもある者を処罰すれば、それに応じて神はこの英雄に報いるであろう。……神は戦闘者ないしは、戦闘的神であって、われわれに敵を愛せよと望むどころか、「英雄」に対して「踵で蛇を踏み潰すよう」命じている。(中村紘一訳)

このような、聖書的な「北部神話」につき動かされて、北部という「正義」は、南部という「悪」を処罰したのであって、この神学的装置の中では、カルヴィン派(19)の影が色濃く、愛するイエスは枝葉末節の地位しか与えられていない、とウィルソンは言う。さらに、ウィルソンは、リンカーンを扱った章において、リンカーンはこの「北部神話」の「英雄」の役割を極めて「意識的に」演じ、「北部神話」によって自己の人生を「ドラマ化」したと論じている。リンカーン自身が、「神」によってあらかじめ「予定」されていた「運命」を自己の死＝「終末」まで演じ切っているとウィルソンは述べている。

一方、「南部のイデオロギー」については、ウィルソンは次のように記している。

奴隷を解放しその悪い主人を罰するための聖戦、つまり伝統的な神学に由来する善悪大決戦という北部のヴィジョンに対して、南部もこれに劣らず熱狂的に作り出された対抗神話を持っていたのである。もし北部人が神の意思を実行しているとするなら、南部人は騎士道、貴族的自由、見事な作法と豊かな生活という神聖化された理想を物質的で

(19) プロテスタントの一派であるカルヴィニズムは、運命予定説を特徴としている。つまり、人間の運命はあらかじめ決められており、救われる人間と救われない人間は神が決定し、人間の力ではどうにもならないという決定論である。

俗悪な北部商業社会から救出していたのである。（中村紘一訳）

ウィルソンは、南北戦争を、「連邦主義」vs.「州権主義」[20]、「奴隷制反対」vs.「奴隷制擁護」という図式には還元せず、それらの背後にあり、それらをつき動かしている「倫理的な装置」を剔出《てき》する。それが、神学的な「北部神話」であり、伝説的な「南部神話」であると結論しているのである。

南北戦争は、北軍の勝利であるばかりか、「北部のイデオロギー」＝「北部神話」の勝利でもあった。この勝利を収めたイデオロギーは、その後も、アメリカが戦争を行うたびに、「アメリカの生活様式」、「自由の擁護」といった美辞麗句とともに、形を変えつつもアメリカ人の精神を支配してゆくことになる。神学的な（聖書的な）、「正義」と「悪」の二元的対置。それは、レーガンの「悪の帝国」[21]、ジョージ・W・ブッシュの「悪の枢軸」[22]など、現在のアメリカにいたるまで、連綿と生き続けているレトリックであり、恐るべき「倫理的装置」である。そう考えると、『愛国の血糊』という作品は、いまだ重要性と価値を失わない、先駆的な示唆に富んだ書物と思われるのである。

---

(20) 州がそれぞれ独立の主権を持つ「国家」であるという「州権主義」は、建国当初から、中央政府の強大化への反発として唱えられていたが、とりわけ、南北戦争において南部連合が連邦を脱退する際、その思想的根拠となった。

(21) レーガン大統領は、ソ連との軍拡競争の中で、ソ連を「悪の帝国」だと非難した。

(22) ジョージ・W・ブッシュ大統領は、2002年1月の「一般教書演説」において、イラク、イラン、北朝鮮の3国を「悪の枢軸」と名指した。

21 ワシントン・ポスト社見学
——新聞紙は語る（1）

先日、ワシントン・ポスト社に見学に行った。

入り口付近には、誰もが知る世界史の出来事・事件を報じる、『ワシントン・ポスト』の一面の版下《はんした》がいくつか展示されていた。第一次大戦の終結、リンドバーグ(1)の大西洋横断飛行、ヒットラーの台頭、太平洋戦争の勃発、連合軍のノルマンディー上陸(2)、ケネディーの暗殺、アポロの月面着陸……。さながら、二〇世紀の「一覧表」といった感じだ。

ロビーへ通じる待合室には、各賞を受賞した『ワシントン・ポスト』の報道写真が多く展示されている。どれも、歴史の瞬間を、独特な視点からとらえた優れた写真であるが、とりわけ印象に残ったのは、ワールド・シリーズへの出場を逸した瞬間の、ボルティモア・オリオールズの選手たちの表情をとらえた写真と、連邦議会議事堂のギフトショップにいるクリントン大統領をとらえた写真であった。前者は、「この世の終わり」であるかのように、怒りと悲しみをあらわにするカル・リプケン(3)の姿をとらえており、後者は、厳しい

(1) 1902—74。飛行士。1927年、ニューヨークからパリまで、史上初の無着陸大西洋単独横断飛行に成功し、世界的ヒーローになった。

(2) 第2次世界大戦において、1944年6月6日、アイゼンハワー率いる連合軍が、フランス北部のノルマンディーで上陸作戦を行った。

(3) カル・リプケン・ジュニア。1960—。オリオールズの遊撃手。1995年9月6日、ルー・ゲーリックの持つ「2、130試合連続出場記録」を更新し、メジャー記録を樹立した。

父のようなまなざしをしたフランクリン・ローズヴェルトの大きな写真の下で、じっと瞑想にふけり、孤独に耐えているクリントンの姿をとらえていた。

ロビーに入る。すると、壁一面にワシントン・ポスト社の簡単な歴史が記されていた。それによると、『ワシントン・ポスト』は、スティルトン・ハッチンズ[4]によって、一八七七年の一二月六日に創刊され、その後、何人かのオーナーによって引き継がれてきたという。特に、一九三三年に四人目のオーナーとなったユージン・マイヤー[5]についての記述が多く、壁には、ワシントン・ポストの記念行事で満面に笑みを浮かべ、『ワシントン・ポスト』を兜のようにかぶっておどけているマイヤーの大きな写真がかかっていた。

五階に上がると、そこは「ニュース・ルーム」である。私は、『ワシントン・ポスト』の購読者であり、日本の新聞の倍ほどの厚さの『ワシントン・ポスト』が、国内政治・外交・経済・アート・スポーツというジャンル別の「新聞」の集合体であることはすでに知っていたが、実際、「ニュース・ルーム」も、それぞれのジャンルの「新聞」の厚さと正比例するように、空間的に配分されていた。また、それぞれの記者たちのプライベートな空間が、個室、あるいは個室に準ずる仕切りによって保証されており、アメリカにおける徹底した個人主義を反映しているように思われた。このような個人主義は、『ワシントン・

---

(4) 1838—1912。ハッチンズは、『ワシントン・ポスト』を民主党寄りの朝刊紙として創刊した。1888年、『ナショナル・リパブリカン』紙と合併するまで、民主党系の新聞であった。

(5) 大恐慌のさなか経営が思わしくなく、競売にかけられたワシントン・ポスト社を、銀行家のマイヤーは買い取り、再生させた。

ポスト』（他のアメリカの新聞についても言えることだが）の新聞記事において、さらにはっきりと示されている。日本の新聞記事は、しばしば無署名だが、『ワシントン・ポスト』の新聞記事は、ほとんど署名入りである。これは、何が書かれているかということと同じくらい、「誰が」書いたかということが重要であることを示している。

コーヒーの香りのたちこめる「ニュース・ルーム」を後にして、四階に下りてゆく。四階の一室には、かつて使用されていたさまざまなタイプ機械、印刷機、版下が展示されていた。パソコンが普及するつい最近まで、新聞社は活字を組んで印刷していたが（ライノ・タイプが主）、現在では、コンピューターで編集した紙面のネガフィルムを作成し、それをもとに、文字や写真の部分以外は透明なプレートを作成し、それを輪転機でオフセット印刷してゆくという仕組みになっている。とりわけ興味深かったのは、色刷りにするために、黒、赤、青、黄のプレートを重ねて印刷する際、新聞の一番下に四色の小さな点（ドット）も印刷されるということであった。また、メリーランド州とヴァージニア州に、『ワシントン・ポスト』の印刷所がそれぞれ一つずつあり、新聞の右上には、どの印刷所のどの機械によって印刷されたかが小さく記されているということであった（メリーランド州の印刷所はM、ヴァージニア州の印刷所はVで表す）。

ワシントン・ポスト社を見学した後、さっそくグロヴナー（ワシントンDC郊外の町）で買った一月二九日の新聞を眺めてみた。この日の新聞は、前日に行われた「スーパー・ボウル」(6)の記事一色であった。

私は新聞の一番下の方に目を走らせた。そこには、確かに、四色のドットがしるされていた。

ワシントン・ポスト社からレッドラインのファラガート・ノース駅(7)まで歩いてゆく途中、私は、もう一部、この日の新聞を購入した。そして、グロヴナーで買ったものと比べてみた。どちらも、「最終版」であり、「スーパー・ボウル」の勝利チームの喜びを報じる一面の記事は全く同一であった。また、新聞の下には、ともに四色のドットがしるされていた。

私は、二つの新聞の右上に目をやった。すると、グロヴナーで買った『ワシントン・ポスト』には、M_4と記されており、ファラガート・ノースで買った『ワシントン・ポスト』には、V_4と記されていた。つまり、前者は、メリーランド州の印刷所の四番目の機械で印刷されたものであり、後者は、ヴァージニア州の印刷所の四番目の機械で印刷されたものだということになる。

新聞には、まるで探偵小説を読むような面白さがあるということを、私は、この日はじめて知った。

---

(6) NFL（ナショナル・フットボール・リーグ）において、AFC（アメリカン・フットボール・カンファレンス）の優勝者とNFC（ナショナル・フットボール・カンファレンス）の優勝者が、毎年1月（あるいは2月）に対戦してチャンピオンを決める。これを、「スーパー・ボウル」と言う。

(7) ワシントンのメトロ（地下鉄）のレッドラインの駅の1つ。ワシントン・ポスト社に行くには、ここが最寄の駅。

22 『ワシントン・ポスト』百年史
――新聞紙は語る（2）

引き続き、『ワシントン・ポスト』についての話である。

ワシントン・ポスト社は、一九九九年、二〇世紀の『ワシントン・ポスト』の一面を飾った記事の中から、三〇〇ほどを集めてダイジェスト版を出した（『ザ・センチュリー』）。それは、箇条書きにして要約すれば、以下のような記事からなっている。

一九一〇年代……ヴィクトリア女王死去、マッキンリー大統領暗殺(1)、ライト兄弟の飛行、日露戦争、サンフランシスコ大地震

一九一〇年代……マーク・トウェイン死去、タイタニック号沈没、第一次世界大戦勃発、アメリカの宣戦布告、休戦協定、ロシア革命、セオドア・ローズヴェルト死去

一九二〇年代……憲法修正第一九条（女性参政権）、国際連盟、ハーディング大統領死去、リンドバーグの大西洋横断飛行、大西洋横断無線電話開通、世界大恐慌

（1）1843―1901。第25代大統領。任期1897―1901年、無政府主義者に暗殺される。

一九三〇年代……満州事変、エディソン死去、アル・カポネ有罪[2]、ジェシー・オーウェンズ[3]四つの金メダル、ルー・ゲーリック引退[4]、ゲルニカ、第二次世界大戦勃発
一九四〇年代……日米開戦、ノルマンディー上陸、ヒットラーの最後、原爆投下、鉄のカーテン、マーシャルプラン[5]、イスラエル誕生、東京裁判、
一九五〇年代……朝鮮戦争勃発、マッカーシーの赤狩り[6]、米ソの核開発競争、ローゼンバーグ夫妻[7]の死刑執行、マリリン・モンローとジョー・ディマジオの結婚[8]、グレース・ケリーとモナコ王子の結婚、キューバ革命
一九六〇年代……ベルリンの壁、キューバ危機、ジョン・F・ケネディー暗殺、ワシントン大行進[9]、ヴェトナム戦争、キング牧師暗殺、ロバート・ケネディー暗殺[10]、アポロの月面着陸
一九七〇年代……米中国交回復、ウォーターゲート事件、ニクソン辞任、サイゴン陥落、ハンク・アーロン[11]の本塁打新記録、プレスリー死去、スリーマイル島原発事故、イラン革命、中東和平
一九八〇年代……セントヘレンズ火山大爆発、ジョン・レノン暗殺、イランの米大使館の人質解放、レーガン大統領暗殺未遂、チェルノブイリ原発事故、ペレストロイカ、ベルリンの壁崩壊
一九九〇年代……ソ連邦崩壊、湾岸戦争、ロス暴動、O・J・シンプソン無罪判決、ク

---

(2) 1899―1947。禁酒法の時代、酒の密売をとり行ったギャング。映画『アンタッチャブル』に描かれているように、なかなか証拠不十分で逮捕されなかったが、1931年ついに逮捕される。

(3) 1913―80。アメリカの陸上選手。1936年のベルリンオリンピックで、100m、200m、走り幅跳び、400mリレーの4種目で金メダルをとったことで有名。

(4) 1903―41。ニューヨーク・ヤンキーズの4番打者。当時のメジャー記録である2、130試合連続出場を果たし、「アイアンホース」と呼ばれた。

(5) アメリカの国務長官マーシャルは、1947年6月、ハーバード大学における演説で、アメリカが西ヨーロッパに対し復興援助

リントン大統領弾劾

どの見出しも、われわれがよく知る事件であり、ほとんど説明の必要はないだろう。ここには、アメリカから見た世界の歴史の縮図が描かれていると言ってよい。

本章では、このダイジェスト版に収められた多くの一面記事の中から、興味深いものをいくつか選び出し、簡単に紹介してみたいと思う。その際、とりわけ、アメリカ史の教科書には書かれてはいないエピソード、事件に注目し、また、『ワシントン・ポスト』という地方紙の特色を重んじて、ワシントンで起きた出来事を中心に紹介してみたい。

一九〇三年一二月七日

ワシントンの通りで、聖職者の乗った馬車と路面電車が衝突した。馬車は大破し、御者と聖職者は路面に投げ出され、馬は下水溝に落ちたが、人も馬も奇跡的に助かった。

一見すると、これは事故を伝えるだけの記事に思われるが、この記事を書いた記者は、馬と電車の衝突にある象徴的な意味合いを見出し、テクノロジーの歴史の転換点をここに見出している。テクノロジーが進歩して、暴力的に過去の交通手段に取って代わろうとす

を行う計画があることを述べた。

(6) 1909―57。アメリカの共和党の連邦上院議員。反共産主義で知られ、魔女狩りのように、多数の知識人、官僚、市民らを「共産主義者」の疑いがあるとして、告発し糾弾した。

(7) ジュリアス(1918―53)。エセル(1915―53)。共産主義者であり、スパイであったローゼンバーグ夫妻は、原爆に関する機密をソ連に流し、死刑に処せられた。

(8) 1914―99。ニューヨーク・ヤンキーズの名選手。56試合連続安打のメジャー記録を持つ。マリリン・モンローとの新婚旅行で来日した。

(9) 1963年8月、全米から20万人以上の人がワシントンに集まり、人種間の平等を訴えて抗議運動を

る様子が、この事件の中に見事に映し出されているといってよい。

一九一三年三月四日

大統領就任パレード(12)の見世物の中で、女性参政権を訴える女性たちが、美しい古典的な衣装を身にまとい、堂々と行進した。それを見ていた沿道の人々は、野次を飛ばし、ロープの下をくぐってペンシルヴァニア通りに溢れ出し、女性たちのパレードを妨害したため、行進は遅々として進まなかった。それでも、少しずつながら、参政権支持者たちは、妨害する人々の波をかきわけ、前へと進んで行った。この事件は軍隊が出動するほどの騒動に発展した。

これは女性参政権が憲法に定められる(13)七年前の出来事であるが、いまだ、女性参政権の獲得がいかに困難であったかをドラマティックに示す出来事である。また、人々の壁を乗り越えてゆこうとする女性たちの姿は、参政権獲得のため、どんな困難も乗り越えてゆこうとする意志と勇気を象徴的に物語る。よって、これはワシントンだけの事件ではなく、アメリカ全土でくり広げられている女性参政権運動の縮図となっている。

一九二〇年九月一七日

した。そこでキング牧師の「私には夢がある」という演説が行われたことはあまりにも有名。

(10) 1925―68。J・F・ケネディーの弟。1961―64年に司法長官をつとめた。大統領候補と目されていたが、1968年に暗殺された。

(11) 1934―。ミルウォーキー・ブレーブス、アトランタ・ブレーブス、ミルウォーキー・ブリューワーズで活躍した外野手。1974年4月8日、通算715本目のホームランを打ち、ベーブルースの持つメジャー記録を更新した。

(12) 大統領就任パレードでは、さまざまな山車が登場する。

(13) 1920年、憲法修正第19条が発効し、女性参政権が成立した。

九月一六日正午すぎ。ニューヨークのウォール街のオフィス・ワーカーらが通りに溢れ出した時、モルガンオフィスの外の通りで突然大爆発が起こった。あたりは一瞬にして地獄と化し、死者三〇人、負傷者二〇〇人に達する大惨事となった。モルガン銀行(14)をはじめ多くの建物が壊れ、あたりは瓦礫の山と化した。この事件により、マンハッタンの下町は、パニック状態となり、株式取引はすべてストップした。

爆発物はTNT火薬を使用したものであると断定された。アメリカの経済の中心を狙ったこのテロ事件の犯人はまだ特定されていない。

ダイジェスト版の編者は、一九九九年、このニューヨークのテロ事件について、アメリカは近年テロ事件が多発していると述べ、とりわけ、世界貿易センタービル爆破事件(15)に言及し、これは、アメリカのいや世界の経済の中心が狙われた点で、一九二〇年のニューヨークの爆破テロと似ていることを指摘している。そして、アメリカがテロの危険にさらされていると警鐘を鳴らしている。

歴史は繰り返す。そう、恐ろしいことにまたもや繰り返してしまった。二〇〇一年九月一一日の同時多発テロでも、世界の経済の中心がテロの標的となった。

一九三五年一一月一日

---

(14) アメリカの金融資本家J・P・モルガン(1837―1913)は、モルガン財閥の礎をつくった。1880年代より、鉄道投資によって財をなし、1895年、J・P・モルガン商会を設立した。また、多数の銀行を支配下におさめ、それらは「モルガン系銀行」と呼ばれた。

(15) 1993年2月、貿易センタービルはテロリストによって爆破され、6人が死亡し、1,000人以上が負傷した。

午前一時四分、ワシントンDCとその周辺部は、強い地震に見舞われた。揺れは三〇秒にわたって続き、遠く離れたトロントでも感じ取られた。ワシントンの住人は皆、ベッドから飛び起き、恐怖のあまり、警察に電話が殺到した。

このようなニュースは、地震が多発するアメリカの西岸では、これほど大きくは取り上げられない。しかし、ワシントンDC周辺部では地震は起こらないと一般には信じられているため、このような大事件になるのである。筆者も、ワシントンでは地震は起こらないという「神話」に支配されていたため、ワシントンに暮らしていた時も、地震に対する恐怖は全くなかった。この記事を読んでいたら、事情は違っていたかもしれない。

一九四三年四月一四日。

ワシントンのポトマック川沿いにドーム状のジェファソン・メモリアル(16)が完成した時、フランクリン・ローズヴェルト大統領(17)は次のような趣旨のことを演説した。「ジェファソンは、自由のために圧制と戦った。われわれは今それと全く同じ戦いを行っている。私は、人間の精神に対してなされるいかなる圧制に対しても、永遠に戦うことを神に誓う。」

---

(16) 本書の第24章「ワシントン一日歴史散歩」を参照のこと。

(17) 1882―1945。第32代大統領。任期1933―45。彼のニューディール政策はあまりにも有名。1911年、ニューヨーク州上院議員。1913年、海軍次官。1929年ニューヨーク州知事。合衆国史上、4期大統領をつとめたのは、フランクリン・ローズヴェルトただ1人である（現在は2期までと定められている）。

メモリアルというのは、イデオロギーとは無縁ではない。ジェファソン・メモリアルがこの時期に完成したのは、日本やドイツとの戦争に対するアメリカの大義を正当化し強調するという目的と無縁ではないということを、この記事からうかがうことが出来る。また、記事の細部に関して言えば、私は次の一節に特別の意味を見出した。それは以下のようなものである。「ポトマック公園では、日本からの最初の桜が散り始めていた。」日本からアメリカに送られた最初の桜は[18]、両国の友好のしるしであり、それが「散り始めて」いるというのだ。ここには、単なる風景描写ではない、象徴が、それも悲しみに満ちた象徴が記されている。

一九四八年八月一日

ワシントン・ナショナルシアターは、昨日、一二二年にわたる歴史の幕を閉じた。劇場を運営しているマーカス・ハイマンは、劇場には絶対に黒人の観客を入れないという人種差別主義者であった。それに対し、アメリカ俳優平等協会は、そのような差別が続く限り、ワシントン・ナショナルシアターで俳優が演技することはいっさい拒否すると宣言した。この事件は、一年半にもわたり、その間、人種問題について多くの議論がなされ、チケットの払い戻しなどに関する数々の訴訟がなされたが、結局、ハイマンが俳優平等協会に対して行った回答は以下のようなものである。「あくまで

(18) タフト大統領の夫人ヘレンの要請にこたえて、1912年、当時東京市長であった尾崎行雄は、約3、000本の桜の苗木を「日米友好のしるしとして」アメリカに送った。

も黒人の入場を許可することは出来ない。それにより、俳優が演技を拒み、劇の上演が不可能になるため、劇場は廃止することに決定した。」

このような愚かな決定が行われるほど、当時はいかに黒人に対する差別が根深いものだったかを伝える事件である。このボイコットの手法は、後にキング牧師の出現によって、一つの革命にまで発展することは周知の通りである。(19) その時は、バス会社は廃止するというわけにはいかなかった。

一九五〇年一一月二日

ホワイトハウスが改築中のため、トルーマン大統領(20)は近くのブレアーハウス(21)を仮の住居としていた。一一月一日、午後二時頃、アーリントン墓地(22)の行事に出かけようとしていた大統領は、銃声を耳にした。窓から顔を出すと、警備に当たっていた者が、急ぎ身振りで大統領に顔を引っ込めるように合図した。すぐに激しい銃撃戦が始まった。この銃撃戦で、プエルトリコからやって来た二人の暗殺者のうちの一人が、そして警備の者が一人死亡した。

トルーマン大統領は、窓越しにこの銃撃戦を眺めていた。三〇分後、予定通り行事に出席し、のちに、この暗殺未遂事件について、「大統領たるものはこうした事柄を

---

(19) 1955年から1956年にかけてアラバマの州都モンゴメリーで展開された、「バス・ボイコット」運動のこと。

(20) 1884—1972。第33代大統領。任期1945—53。1934年、上院議員。フランクリン・ローズヴェルト政権（第4期）の副大統領であったが、ローズヴェルトが1945年4月12日に急死したため、大統領に昇格した。トルーマンは、広島、長崎への原爆の投下を決定した。

(21) 当時、ホワイトハウスが改装中であったため、トルーマンはペンシルヴァニア通り向かいの「ブレアーハウス」（現在は大統領迎賓館として使われている）に移り住んでいた。

(22) ワシントンDC南西部、リンカーン・メモリアルの対岸、ポトマックをへだてたところに位置する。

予期していなくてはならない。」と語ったという。

冷静沈着で物怖じしないトルーマンの性格を雄弁に語るエピソードである。

一九五八年五月九日

サンマルコス大学の学生は、ペルーを訪問しているニクソン副大統領(23)に石を投げつけ、つばを吐きかけた。そして叫んだ。「ニクソンよ、ここから出てゆけ!」この事件により、ニクソンは大学でのスピーチをキャンセルした。デモ隊は、ニクソンが南アメリカの解放者サン・マルティン(24)のモニュメントにささげた花輪の中のアメリカ国旗を引き裂いた。

この事件に対しニクソンは、「共産主義者は、国際的な政策の主なターゲットとしてラテンアメリカを選んでいる。共産主義者は勝利を収めたと思い込んでいる。時がたてばわかるが、彼らは大敗北を喫するであろう。」と語った。

米中国交回復など、外交の天才として知られるニクソンだが、このように外交の「大敗北」も味わっていることを示すエピソードである。また、当時のアメリカの政治家がどのような反対勢力も「共産主義者」としてとらえる、単純すぎる、ヒステリックな思考形態

ここにはJ・F・ケネディーの墓や無名戦士の墓がある。

(23) ニクソンは、アイゼンハワー政権(1953―61)の副大統領であった。

(24) 1778―1850。アルゼンチンに生まれたサン・マルティンは、アルゼンチン、チリ、ペルーの独立運動で主導的な役割を果たした。

を戯画的に表すエピソードである。

一九六五年一一月四日

一一月二日の夜、ノーマン・モリソンという名の平和主義者が、ペンタゴンの前で、ヴェトナム戦争に抗議して、焼身自殺を遂げた。その日彼は、ナパーム弾でヴェトナムの村が焼き払われたという記事を読んでおり、その数時間後ワシントンに向かい、ペンタゴン(25)の国防長官のオフィスの目の前で自殺した。

何とも痛ましい事件である。モリソンはクエーカー教徒であったと記されているが、アメリカ史において、クエーカー教徒は反戦運動と大きくかかわっている。この記事の上に、編者は、「究極の抗議」という見出しをつけているが、この「究極の抗議」は、アメリカ全土の人々の反戦運動に少なからず影響を与えた。

一九七三年三月一二日

武装したネイティブ・アメリカンの一隊が、サウス・ダコタ州(26)のウーンディド・ニー村を占拠した。彼らは、連邦政府のネイティブ・アメリカン政策に抗議し、人質をとって立てこもった。占拠は七一日間続き、武装グループのメンバーが二名死亡し、ＦＢ

(25) 国防総省。１９４３年に完成。５角形（英語でPentagon）なので、「ペンタゴン」と呼ばれる。

(26) 中西部の州で、東はミネソタ州、北はノース・ダコタ州である。

Iの職員が一名重傷を負った。この日の記事は、とりわけ、武装グループが武装解除の説得に応じた後起きた、FBI職員と武装グループのメンバーの間の銃撃戦について詳しく報じており、武装グループ側は、FBIの側が先に発砲してきたのでそれに防戦したのだと抗議している。

ウーンディド・ニー(27)といえば、一八九〇年に起きた、有名なインディアン戦争の名前である。この戦いでは、三〇〇人のネイティブ・アメリカンがアメリカ軍に虐殺された。そこを占拠することは、アメリカ史においてアメリカ人が原住民に対して行ってきた不当で、残虐な行為に対する抗議であり、単なる現代の政策に対する抗議ではない、象徴的な抗議である。この事件には、ネイティブ・アメリカンの数百年の怨念がこもっている。この事件後、アメリカ国民のネイティブ・アメリカン問題に対する関心が高まり、次々に改革法案(28)が議会に出され、承認された。

一九八八年三月七日

世界で唯一の聾者専門のガローデット大学（ワシントンDC）で、聾者ではない、手話のできないエリザベス・ジンサーが学長が選ばれた。しかも、三人の候補者のうち、ジンサーだけが聾者ではなかった。

---

(27) サウス・ダコタ州南西部に位置する。1890年、スー族の一部が、合衆国の騎兵隊に包囲されて降伏したが、その後、約200人のネイティブ・アメリカンが虐殺された。1973年に反乱を起こした一隊は、AIM（アメリカン・インディアン・ムーブメント）であり、彼らはスー族の独立国家を宣言した。

(28) たとえば、1974年の「インディアン生徒人権擁護令」や、1975年の「インディアン自決・教育援助法」などがある。

学生たちは、大学の門につめかけ、猛然と抗議した。そして「聾者の学長を！」という要求を掲げた。彼らはその後、ダウンタウンのあるホテルに向かって行進した。そこで大学の理事会が開かれていたからである。ホテルの前で彼らは要求した。「聾者のパワー。聾者の権利のための戦い。」デモ隊と集まった人々は合わせて千五百人にも達した。

この騒動を前にして、ジンサー学長は辞任を余儀なくされた。そして、大学の創設以来初めて、聾者のアーヴィング・ジョーダンが新学長に選ばれた。

アメリカでは、少数者の権利のための闘争が世界に先んじているが、この聾者の抗議運動もその一例である。また、記事の中に出てくる「聾者のパワー」という言葉は、「ブラック・パワー」(29)をふまえた表現である。

以上、思いつくままに記事を紹介してきた。紙数の関係で、すべて紹介できないのが残念だが、『ワシントン・ポスト』の一面は、このような興味深い「アメリカ史の掌編」の宝庫であることは、十分わかっていただけたと思う。

(29) 1966年に、「学生非暴力調整委員会」が、ミシシッピー州における人種差別反対運動において用いた表現であり、さらにそれは、60年代後半の黒人解放運動を表す表現として用いられるようになった。

23 ワシントンDC小史

ワシントンDCの建設が始まったのは、一七九〇年代のことである。すでに、ポトマック川沿いには、ジョージタウンとアレキサンドリアという二つの港町が栄えていたが、現在のワシントンに当たる部分の多くは、荒野同然であった。

フランス人技師ピエール・ランファン[1]の整然とした幾何学的なデザインをもとに、ベンジャミン・バネカー[2]らが測量を行い、一〇マイル四方のダイヤ型の首都の建設が進められた。最初につくられたのは、「プレジデントハウス」（現在の「ホワイトハウス」）と「キャピトル」であった。しかし、ジョン・アダムズ大統領がワシントンに移り住んだ時には、両者とも未完成のままであった。しかも、もともと湿地帯であったワシントンは、蚊が大量に発生し、豚や蛇がたくさん棲み着く場所であり、「新世界のローマ」という当初の理想とは程遠い状態にあった。人口もアレキサンドリアとジョージタウンを除けば、五、〇〇〇人ぐらいであり、都市というよりも村に近かった。

---

(1) 1754—1825。1777年にアメリカに移住。独立戦争で活躍する。その後ニューヨークで建築家として成功を収め、1791年、ジョージ・ワシントンに依頼され、ワシントンDCの設計に取り組んだ。

(2) 本書の第2章「ジェファソン国務長官に物申す」を参照のこと。

しかしながら、一八一〇年代、ようやく政府の建物が立ち並び、首都の建設が軌道に乗ってきた頃、イギリスとの間に戦争が起こり、イギリス軍の猛攻撃により(3)、首都は灰燼に帰してしまう。「ホワイトハウス」(白く塗られてこう呼ばれるようになった)はすぐに再建されたが、「キャピトル」をはじめ多くの建物の再建は遅れた。また、ニューヨークやフィラデルフィアなど他の都市が商業都市として飛躍的に発達を遂げている中、いぜんワシントンは産業が発達しなかったので、しばしば首都遷都の論議が起こり、また首都の土地の一部が競売に付されたりした。

ワシントンが急激に発達するのは、南北戦争の時代である。解放奴隷、兵士らが戦後もワシントンに住み着き、人口は倍増し一三万人にも達した。「キャピトル」のドーム(4)が出来上がるのも、南北戦争の時代である。戦時中の苦しい財政にもかかわらず、リンカーンが「キャピトル」のドームの建設の続行を、合衆国連邦の存続のあかしとしたのは有名な話である。

再建時代には、首都の整備が着実に進んだ。丘が削られ、土地は平坦になり、道路は舗装され、植林が行われ、ガスが普及し、下水が完備され、都市としての相貌をそなえていった。一八七〇年代の鉄道馬車の発達により、都市は拡大していった。それまで郊外と見なされていた地域(5)は、モダンでファッショナブルな地域へと変貌を遂げてゆくのである。

一九世紀も終わり近くなると、電気が普及し、それとともに市電が誕生する。二〇世紀

---

(3) 本書の第3章「ワシントンの肖像画」を参照のこと。

(4) ドームの頂には「自由の女神像」が立っている。また、ドーム内部の天上部分には、ブルミーディーのフレスコ画「ワシントンの礼賛」が描かれている。これは、建国の父ジョージ・ワシントンを讃える壮大なスケールの絵画である。

(5) たとえば、レッドライン沿線で、ワシントン中心部に近い「デュポン・サークル」は、それまで郊外とみなされていた。

(6) ジョージ・ワシントンを讃える記念塔であり、ワシントンDCの中で一番高い建造物である。ここの展望台にのぼると、ワシントンの街が一望できるので、ぜひ見学してほしい。1884年に完成された。

になると、市電は馬車にとって代わる交通手段となり、それによって、さらに都市は拡大してゆく。

　埋め立て事業、治水工事も盛んに行われるようになる。ワシントンDCが誕生した頃は、ポトマック川は今の二倍ほどの広さで、現在の「ワシントン・モニュメント」[6]のすぐ横が川岸であった。広大な川で、堤防もなかったため、しばしば氾濫を繰り返し、時には「キャピトル」の近くまで浸水した。とりわけ一八八〇年代に起きた洪水では、橋が流されるほどの被害を出し、その後本格的な治水工事、埋め立て事業が始まった。二〇世紀になると、ようやく現在のポトマック川の姿になるのである。

　一九〇〇年には、都市の人口は三〇万人に達する。この頃になると、ワシントンの美化計画が飛躍的に推し進められる。すでにランファンが幾何学的で美しいワシントンをデザインしていたのだが、一〇〇年近くそれは実現していなかった。二〇世紀の初頭には、マクミラン上院議員が中心となって、ワシントンの美化を推し進め、[7]今のような整然とした「モール」が出来上がった。一九二二年には「リンカーン・メモリアル」[8]が完成し、それによって、「キャピトル」、「ワシントン・モニュメント」、「リンカーン・メモリアル」は一直線につながり、美しく、しかも象徴的な都市の形式[9]を作り出した。

　一九一〇年代には、第一次大戦の影響で、政府で戦争に関連する職員が増え、それらの人々がそのままワシントンに住み着いたため、人口は四五万人に達した。そのため、「モー

(7) 1901年、遷都百年事業として、J・マクミラン上院議員を長とする委員会は、ワシントン美化のプランを立てた。それをもとに、モールや公園は整備され、政府機関は配置された。そのプランは『遷都百年記念首都改良計画書』に記されている。

(8) 本書の第24章「ワシントン一日歴史散歩」を参照のこと。

(9) もともと、ワシントンDCは、大統領府と連邦議会議事堂を離れたところに建て、「三権分立」を象徴的に表す都市構造を有していた。リンカーン・メモリアルが完成したことで、アメリカの2人の偉大な大統領が、議会を見据えているという形になり、これは、議会において建国の精神に基づく民主政治が常に行われるよう厳しく監視されているということを象徴的に語っている。

ル」は一時期仮設住宅となった。大恐慌時には連邦政府の拡大で職員が増え、ニューディール政策のもとで土木事業が盛んになり、労働者が増えたため、人口は七〇万人になった。第二次大戦中はさらに、戦争関係の仕事につく職員が増え、一〇万人ほど人口が増加した。また、メモリアルや文化施設の建設も進んだ。アメリカで最大級の規模を誇る「国立美術館」(10)は一九四一年、そして「ジェファソン・メモリアル」は一九四三年である。

一九四〇年代以降は、ワシントンの首都圏は拡大し、政府の主要な建物がヴァージニア州やメリーランド州に建てられるようになる。「ペンタゴン」（一九四三）はその一例である。また、ハイウェイの完備により、さらに首都圏は拡大してゆく。車が主なる交通手段となり、市電も廃止されるが、七〇年代には「メトロ」(11)が開通し、今ではワシントン市民の欠かせない交通手段となっている。

一方、首都圏の拡大とともに、郊外に移り住む人々の数が増加し、中心部の人口はかえって減少し始める。一九六〇年代に、暴動等(12)が起こり、ワシントンの治安が悪くなると、郊外への移住は加速し、ワシントン首都圏全体の人口は増加したが、ワシントンDC自体の人口は増加を止めている。

ワシントンの歴史は、また、アメリカ全体の歴史と重なり合っている。とりわけ二〇世紀になってそれは顕著である。たとえば数多くの抗議運動。女性参政権運動、公民権運動、ヴェトナム反戦運動、第一回アースデイ（地球の日）(13)、中絶反対のデモ、同性愛者に対する

---

(10) ナショナル・ギャラリー・オブ・アート。ニューヨークの「メトロポリタン美術館」と並ぶアメリカ最大の美術館であり、西館には、中世から印象派までの西洋絵画、東館には主として20世紀以降の現代絵画が収められている。レオナルド・ダ・ヴィンチの『ジネブラ・デ・ベンチの肖像』をはじめ、西洋絵画の傑作が目白押しである。

(11) ワシントンには「メトロ」と呼ばれる地下鉄網がはりめぐらされている。観光の際、たいていの場所はこの「メトロ」で行くことができる。

(12) とりわけ、キング牧師の暗殺（1968年4月）直後に起こったワシントンの暴動は激しいものであった。

(13) 4月22日。「美しい地球を守る意識を人々がともに分かち合う」という目的

差別への抗議、等々……。
そして、二一世紀においても。悲劇的なことに、ワシントンの二一世紀の歴史は、同時多発テロによって始まりを告げた。

で設けられた日である。1970年、環境問題に対する人々の関心が高まる中、全米学生自治会長デニス・ヘイズの呼びかけによって第1回アースデイのイベントが行われた。このアースデイをきっかけとして、環境保護に関する重要法案が次々に可決された。

24 ワシントン一日歴史散歩

まずは、ジョージタウンから歩き始めよう。

ワシントンDCが首都になる前、一八世紀から、すでにタバコの貿易で栄えていたこの港町は、植民地時代の雰囲気を色濃く残している。街並みは、ほとんどが当時のジョージアン様式のレンガ造りの建物からなっている。

それらの建物にかこまれるようにして、ひっそりとたたずんでいるのが、「オールド・ストーン・ハウス」(1)である。この一八世紀半ばに建てられた石造りの家は、植民地時代の庶民の暮らしを髣髴《ほうふつ》とさせる。家具職人の家らしく、中には当時のままの工具が展示されている。内部は明るいクリーム色で塗られているが、これは採光を良くするための工夫であるそうだ。

ポトマック川の方に坂を下ってゆこう。途中、小さな川を横切るが、これが、「チェサピーク&オハイオ運河」(2)である。今ではさびれた感じだが、一九世紀のはじめ、運河は主

---

(1) ワシントンにおいて、植民地時代から現存している唯一の家である「オールド・ストーン・ハウス」はきわめて貴重な文化財である。入場無料。

(2) ワシントンからメリーランド州のカンバーランドまで、全長約300㎞。

要な輸送手段であった。初代大統領ジョージ・ワシントンは、ワシントンDCと西部を運河でつなぐことで、物資の流通を盛んにし、ワシントンDCをニューヨークやフィラデルフィアに匹敵する一大商業都市にしようと計画した。その計画の上に、この運河は建設された。しかし、鉄道の発展とともに、運河は次第にすたれ、今残る水路と水門は、壮大な夢の跡をとどめるばかりである。

「ワシントン・ハーバー」に着いたら、少しひと休み。ここからのポトマックの眺めは、ワシントン随一のものである。美しい風景の中でも、ひときわ目を引くのが、「セオドア・ローズヴェルト島」(3)。この島は、自然保護政策で革新的だったローズヴェルト(4)を記念して自然公園に指定されたもので、野うさぎや、狐や、ふくろうなど多くの動物が生息している。

ここから、タクシーに乗ろう。「ウォーターゲートビル」(5)や「ケネディー・センター」(6)を左に見ながら、ポトマック沿いに南に一キロ半ほど走ると、そこは「リンカーン・メモリアル」である。このギリシャ神殿風の建物には、リンカーンの巨大な坐像が据えられている。また建物内部の壁には、ゲティスバーグ演説の有名な「人民の、人民による、人民のための政治」という言葉が刻まれている。「リンカーン・メモリアル」では、キング牧師の「私には夢がある」という演説が行われ、その他さまざまな歴史的出来事の、あるいは年中行事の舞台となってきた。ここから見たワシントンDCの風景は、ひときわ美しい。

---

(3) ここには、「セオドア・ローズヴェルト・メモリアル」があり、ローズヴェルトの像が立っている。

(4) ローズヴェルトは、5つの国立公園を指定し、50以上の野生動物保護区を設け、国有林を4倍に増やした。

(5) ニクソン大統領のウォーターゲート事件で知られるビルディング。この中には、オフィス、ホテル、スーパーなどがある。

(6) 1971年、J・F・ケネディーを記念してつくられた総合芸術センター。

「リフレクティング・プール」越しに見える「ワシントン・モニュメント」[7]、そして「キャピトル」(連邦議会議事堂)は、絵画的に調和して見える。

さらにポトマック沿いに、南の方に七〇〇メートルほど歩いてみよう。そこは、「フランクリン・ローズヴェルト・メモリアル」[8]。このメモリアルは、四つのギャラリーから成っており、それぞれがローズヴェルトの各任期の出来事を象徴的にあらわしている。また、このメモリアルの出口付近には、エレノア・ローズヴェルト夫人[9]の像も立っている。

「フランクリン・ローズヴェルト・メモリアル」のすぐ近く、南東には、「ジェファソン・メモリアル」がある。ローマ式のこの建物の内部には、ジェファソンの巨大な像が立っている。そして像を取り囲むように、ジェファソンの言葉がいくつか壁面に刻まれている。「ジェファソン・メモリアル」付近は桜の名所である。この桜は、もともとタフト大統領時代に日本から送られたものである。

少しポトマックを眺めながら休憩した後、一四番通りを北へ五〇〇メートルほど歩こう。「印刷局(造幣局)」[10]が見えてくる。ここでは、アメリカの「お金の歴史」が手にとるようにわかる。また、時間に余裕があれば、ツアーに参加するといいだろう。ドル紙幣のつくられる工程が、ガラス越しに見学出来るからである。

さて、いよいよ、ワシントンの中心部、「モール」である。北へ数分歩くと「モール」にたどり着く。ここは、博物館や美術館が目白押しである。[11]全部観ていると、すぐに一日

(7)「リフレクティング・プール」はタジ・マハールを模した池であると言われる。ここに映るワシントン・モニュメントの姿は夢幻的である。

(8) 建築家ローレンス・ハルプリンが設計。第1ギャラリーはローズヴェルトの就任式とニューディール政策、第2ギャラリーは大恐慌下の民衆の悲惨さと、それと戦う民衆の勇気、第3ギャラリーは第2次大戦、そして第4ギャラリーはローズヴェルトの死をモチーフとしている。

(9) 1884―1962。フランクリン・ローズヴェルト大統領の妻。彼女は、ローズヴェルトの政策に積極的に助言を行い、1941年には民間防衛局の副局長になった。戦後は、ローズヴェルトの遺志を継ぎ、国連の代表になった。ファーストレディーのイメージを一新し、後のファースト

が終わってしまうので、「国立アメリカ史博物館」と、そのすぐ東の、「国立公文書館」だけを訪ねてみよう。

「国立アメリカ史博物館」の展示物は膨大であり、すべてを短い時間で見学するのは不可能なので、三つほどお勧めしよう。一つは、情報の時代。二つ目は、アメリカ国歌が誕生した当時の星条旗。[12] 三つ目は、大統領関係の展示。これら具体的な展示物を通して、アメリカ史の全体像が、子供にもわかりやすく示されている。

「国立公文書館」では、アメリカ史の一次資料が閲覧できる。また、ここには「独立宣言」のオリジナル版が保存されているので必見。ただし、一時間近く待たされることもあるので注意。「独立宣言」はヘリウムの入ったケースに永久保存されている。ヘリウムが入っていることもあって、うすい黄緑色がかっており、文字も薄れているので、ほとんど読めない。しかし、これが、ジェファソンの起草した、あの本物の「独立宣言」だと思うと、拝みたい気分になる。

次には、「キャピトル」に行こうと思うが、少々歩くのに疲れがきていると思われるので、メトロ（地下鉄）を利用しよう。「国立公文書館」の真横にある「アーカイヴズ」駅から乗って、イエローライン（またはグリーンライン）で「ランファン・プラザ」駅まで行き、ブルーライン（またはオレンジライン）に乗り換えて「キャピトル・サウス」駅で下車しよう。一番通りを北へ数分歩くと、右手には、「議会図書館」と「最高裁判所」、そして左に

レディーたち（特にヒラリー・クリントン）に影響を与えた。

(10) アメリカの紙幣は、ワシントンの造幣局とテキサス州の施設の2箇所で毎日印刷されている。

(11) 広場の北側には、国立美術館、国立自然史博物館、国立アメリカ史博物館、広場の南側には、国立航空宇宙博物館、ハーシュホーン美術館、国立アフリカ美術館、アーサー・M・サックラー美術館、フリーア美術館が立ち並ぶ。これらの美術館・博物館は入場無料である。

(12) 1814年9月、ボルティモア郊外のマックヘンリー要塞で米英の激戦が行われたが、米兵たちは最後まで星条旗を守り通した。それを見て感動した弁護士フランシス・スコット・キーは、後にアメリカ国歌となる詩を書いた。この星

見えるのが「キャピトル」である。

時間がたっぷりあれば、「キャピトル」の内部に入って、会議室、ドーム内部の彫刻や絵画を観て回るといいだろうが、あまりにも広く、複雑なので、先に、ギフトショップに立ち寄って、ガイドブックを買うことをお勧めする。それをざっと読んでから、自分の観たい箇所を選んで見学するとよい。私の場合で言えば、上院本会議場の場所を本で確かめてから、じっくり時間をかけて見学した。ヴェルサイユ条約に関するウィルソンと上院の攻防に興味があったからである。また、内部を見学する余裕のない人は、正面玄関を見ておくべきである。ここでは、カーター大統領[13]までの歴代大統領の就任演説が行われたからである。

さて、また北へ少し歩いてゆこう。すると、中央駅に当たる「ユニオン・ステーション」にたどり着く。ここは近年改装されて、モダンなショッピング・モールになっているので、軽い食事などをとってひと休みすることが出来る。時間があれば、駅の隣にある「国立郵便博物館[14]」にも足を運ぼう。ここは郵便の歴史を通じて、アメリカ合衆国の歴史が非常にわかりやすく説明されているので、かなりお勧め。特に、ギフトショップは充実している。

ワシントン一日歴史散歩も、いよいよあと一つ、「ホワイトハウス」を残すばかりとなった。「ユニオン・ステーション」からレッドラインに乗り、「メトロセンター」駅でブルーライン（あるいはオレンジライン）に乗り換え、「マクファーソン・スクウエア」駅で下車し

条旗が国立アメリカ史博物館の中に収められている。

(13) 1924—。第39代大統領。任期1977—81。1962年、ジョージア州上院議員。1970年、ジョージア州知事。イラン革命における人質救出作戦の失敗によって国民の支持を失い、再選をめざした大統領選挙ではレーガンに完敗した。しかし、ホワイトハウスを去った後は世界平和に貢献し、近年その評価は高まっている。

(14) ここでは、郵便に関する展示品のいくつか（郵便馬車、郵便列車、エアメール用の航空機など）が実物大で飾られている。また、アメリカにおける最初の郵便専用道路も再現されている。

よう。百メートルほど南に行くと、「ラファイエット広場」[15]。ここはリスが多く、市民の憩いの場である。「ラファイエット広場」の北側には、歴史家ヘンリー・アダムズの住んでいた建物（ヘイ・アダムズ・ホテル）がある。そこに立ち止まって、南の方を眺め渡す。そこには白亜の「ホワイトハウス」。私は、二〇〇一年の九月上旬に「ホワイトハウス」の内部を見学した。観光客がすし詰め状態で、人々の群れに押されるように急いで各部屋を見学し、あっという間に見学が終わってしまったのが少々残念であった。それでも、アメリカ史でたびたび登場する「イースト・ルーム」を、そしてそこにかかる「ワシントンの肖像画」を観ることが出来たことは、長年の念願成就であり、何よりも感動的なことであった。

しかし、残念ながら、同時多発テロ以来、今は一般の見学は許されていない。われわれは、「ホワイトハウス」を外から眺めるだけで満足しなくてはならない。

外から眺めるのに一番いいスポットは、「ラファイエット広場」の北側である。ここからは、近くに「アンドリュー・ジャクソン像」[16]、遠くに「ワシントン・モニュメント」が見え、あいだに建つ「ホワイトハウス」と重なって、絵葉書さながらの完璧な構図を描き出す。そして、この構図を見ていると、われわれは誰しもアメリカの歴史の重みを自然に感じ取ることが出来るのである。

（15）フランスの軍人・政治家でアメリカ独立戦争の英雄ラファイエット（1757—1834）にちなんで（彼は1824年にこの場所を訪れた）名づけられた。

（16）アンドリュー・ジャクソン（1767—1845）は、1812年戦争の英雄で、国民的人気を集め第7代大統領（1829—37）になった。このアンドリュー・ジャクソン像は、1812年戦争でスペイン軍から奪った大砲を溶かしてつくられたものである。

25 ワシントン日誌より

筆者は、約一年間、アメリカン大学[1]の研究員としてワシントンDCに滞在した。その間、自分の住んだワシントン近郊の町グロヴナー[2]について、そしてワシントンDCの生活、歴史、文化等について詳細な日誌を記した。以下に紹介するのは、そのうち最初の一〇日間ほどを記録したものである。一日の記録の終わりごとに、注釈めいたものをほどこしてあるが、これは読者の便宜を図ったものであり、現在の観点から新たに付け加えたものである。また、この注釈によって、読者諸賢に、ワシントンDCで実際暮らすためのノウ・ハウを伝えることをも意図している。

それでは、さっそく三月二〇日の日誌から紹介してみたい。

三月二〇日（月）

ワシントン到着。S氏がダレス国際空港に迎えに来てくれた。ダレス空港からホテルへ

（1）1893年に創設された私立大学。140カ国以上からの留学生が学んでおり、5人に1人が留学生である。国際関係学部、公共政策学部、経営学部、文理学部、コミュニケーション学部の5学部からなるが、特に国際関係学部は名高い。

（2）ナショナル・ジオグラフィック協会の会長であった、ギルバート・H・グロヴナーはこの地に広大な邸宅を有していたため、この地は「グロヴナー」と呼ばれるようになった。

タクシーで向かう。少々休憩ののち、S氏とアパート探し。ペンタゴン・シティーあたりで、二、三のレンタル・オフィスを訪ね、アパート探しのノウ・ハウを知る。夕食は、ペンタゴン・シティーの日本料理屋で、てんぷらと寿司。S氏は、明日の早朝、日本へ向けて旅立つとのこと。ロズリン[3]でS氏と別れる。フレンドシップ・ハイツ[4]からホテルへ帰るのにひと苦労。夜、道に迷って少々恐かった。

〔注〕日本からワシントンへは、全日空で直行便が出ている。ダレス空港からワシントン中心部までは、約四〇キロ。タクシー代は三五ドルから四五ドル（タクシー会社、運転手によって異なる）。

ペンタゴン・シティーは、地下鉄（メトロ）のブルー・ラインの一駅（同時多発テロのあったペンタゴンのすぐ近く）。ペンタゴン・シティーにはショッピングモールがあり、生活に便利な場所。

アパート探しは、第一にやらなければならないこと。私のように、ワシントンに詳しいS氏のような友人がいる場合には、相談するのが一番。もし、そのような友人がいなければ、『ワシントン・ポスト』の週末のアパート物件欄を見て探すのも一つの方法であるが、直接、アパートのレンタル・オフィスを訪ねる方が見つかりやすい。どのようなアパートがあるかは、メトロの駅の出口あたりに、カタログが置いてあるので（無料）、それを入手してオフィスに電話するといいだろう。とは

(3) ワシントン西部にあり、オレンジラインとブルーラインの駅の1つ。

(4) ワシントン中心部から北西へレッドラインを数駅行ったところにある。フレンドシップ・ハイツ駅を降りると、そこは瀟洒な感じのショッピング街である。

いっても、早くても見つかるまでは数日かかるため、ホテルに何日か泊まれるように予約しておくこと。

三月二一日（火）

S氏のアドバイスに従い、メトロのレッド・ラインのグロヴナー駅から歩いて五分のところにあるグロヴナー・タワーのレンタル・オフィスに行く。すばらしい環境。私の趣味にぴったりのアパート（九〇二号室）が見つかる。即、契約。ひどい雨で、靴の中までずぶ濡れ。それでも、最高の気分。ほっとした。

〔注〕私のように、すぐにアパートが見つかるのは運のいいケース。三月二〇日にいくつかレンタル・オフィスを訪ねたが、気に入らなかったので、考えてから後返事をすると答えておいた。数件当たって二日目に即契約にこぎつけたのは、S氏があらかじめ良い物件を教えておいてくれたからである。やはり、ワシントンに詳しい友人がいれば（特にワシントンに友人がいれば）その教えに従うのが一番。

また、私は、グロヴナー・タワーで二つの物件を紹介されたが、九階の部屋を選び、一階の物件は断った。それは、アメリカでは日本よりも犯罪が多いので、一階はなるべく避けた方がいいからである。また、アパート選びの際、地域の安全性を確かめておく方がよい。ワシントンDCでは、北東、南東は避けた方がいいだろう。

北西のレッド・ライン沿線のうち、特にベゼズダ、グロヴナー、ホワイト・フリント(5)は安全でいい（しかし家賃が高い）。

三月二二日（水）

グロヴナー・タワーへ行く。トラベラーズ・チェックでいくらかのお金を払う。すっかり晴れあがっていい気分。午後、社会保障番号(6)の取得のため、メリーランド州のウィートン(7)にタクシーで行く。タクシーの運転手が日本のことが好きで、三〇分ほど話す。イラン人で、ワシントンに来てから二二年になるという。彼は、ワシントンで暮らすに当たっての、ありとあらゆる情報を教えてくれた。ウィートンの社会保障事務局に着き、別れる際、彼は私の手をしっかり握って激励してくれた。私が大いに感謝すると、ドライバーはこう言った。「あなたが、日本のことをいろいろ教えてくれた。だから、私もあなたにいろいろと教える。これ、あたりまえのこと。人は皆、互いにどこかでつながっている。」

何気ない、ごく普通の言葉である。

しかしながら、叡智あふれる言葉である。

〔注〕アメリカでは（いや、日本以外の多くの国では）、多額の現金を持ち歩かない方がよい。クレジット・カードやトラベラーズ・チェックが安全で便利。トラベラーズ・チェックは紛失しても再発行が可能。

---

(5) ベゼズダの南はフレンドシップ・ハイツ、北はグロヴナーである。そしてグロヴナーから北へレッドラインを1駅行くとホワイト・フリントである。ベゼズダには国立衛生研究所と国立海軍医療センターがあり、前者には日本人の研究者も多い。

(6) 社会保障番号は、アメリカにおいて個人を識別する番号であり、社会保障制度の基盤となるものである。また、銀行口座の開設、自動車免許の取得に当たり必要になる。

(7) ワシントン北東部のウィートンへはレッドラインを使っても行くことができる。

社会保障番号を取得しておくと、身分証明書として役立ち、銀行口座の開設時などに必要なので、長期滞在の際には必ず取得すること。

ワシントンで生活するに当たり、メトロとならんで欠かせないのがタクシーである。日本と違うのは、タクシー料金がメーター制ではなく、ゾーンによって決まるという点である。つまり、同じゾーンでは料金が同じであり、違うゾーンに入ると、どんなに距離が短くても料金が上がるという仕組みである（これは、アメリカの都市によって異なる。たとえば、ニューヨークはメーター制）。

ワシントンに到着して、知人も話し相手もほとんどいなかった私にとって、最初の話し相手はタクシー・ドライバーであった。ドライバーたちは、日本に比べて、概して陽気である。初めて会ったとは思えないほど気さくである。また、タクシー・ドライバーたちの出身は実にさまざまである。現に、私が会った中で、アメリカ生まれのタクシー・ドライバーは数少なかった。エチオピア、ソマリア、エリトリア(8)、パキスタン、インド、イラン等々、インターナショナルである。ただし、会話には気をつけた方がよい。たとえば、私は、エリトリア出身のドライバーに対し、自分にはエチオピア出身の親友がいると言ったら、「おれはエチオピアが大嫌いだ」という答えが返ってきて、その後は気まずい沈黙が続いた。私は、不勉強で、エチオピアとエリトリアが戦争をしていたことを全く知らなかったのだ。しかしながら、

（8）アフリカ北東部、紅海に臨む国。エリトリアのエチオピアに対する武装解放闘争は30年に及び、1993年エチオピアから独立した。

（9）1821年に設立された私立大学。最初コロンビア・カレッジという名であったが、1904年に現

これは例外的なケースで、多くのタクシー・ドライバーは、自国の民族的対立、国際関係にはあまりこだわらず、おおらかでオープンである。

三月二三日(木)

私を受け入れてくれることになっているアメリカン大学に挨拶に行く。文学部の事務を担当しているP女史に会う。彼女の教えに従って、身分証明書を取得しようとするが、残念ながら発行されなかった(実のところ、私の名前のスペルが間違ってコンピューターに入力されていたことによるミス。次の日には発行された)。初夏のように暑く、食堂は蒸し風呂のよう。そこそこの味で安い値段。帰りは、テンリー・タウン駅まで歩いたが、二キロほどあった。大きな通りを横断する際、アメリカではなかなか信号が青にならない。人々は信号無視をして渡ってゆく。車の方もそれをわかっている。

〔注〕ワシントンには、ジョージ・ワシントン大学(9)、ジョージタウン大学(10)、アメリカン大学という三つの名門校がある。アメリカン大学は、レッド・ラインのテンリー・タウン駅からシャトルバスで五分ほど。

三月二四日(金)

午前中に、銀行(バンク・オブ・アメリカ)(11)に当座預金(Checking Account)を開設しに行

在の名前になる。大学には人文、ビジネス、国際関係、工学という4つの学部がある。全米屈指の大学。

(10) 1789年に創立された、イエズス会運営の全米最古のカトリック系私立大学。特に、外交、医学、法学の3学部は最もよく知られている。

(11) アメリカ西海岸、南部、東海岸南部を中心に業務を行ってきた銀行であるが、現在、北東部を中心に業務を行うフリート・ボストン・ファイナンシャルと合併し(正確に言うとフリート・ボストンを買収し)、全国規模のメガバンクとなった。このほか、J・Pモルガン・チェースもバンクワンを買収し、アメリカは、「シティーグループ」、「バンク・オブ・アメリカ」、「J・P・モルガン・チェース」という3大メガバンクの時代に入った。

く。そしてベル・アトランティック社とローカル・コールの契約。午後はアメリカン大学へ。帰りはシャトルバスに乗ったのですぐに駅に着いた。

〔注〕アメリカでは、電気、水道、家賃等、小切手（Check）で支払わなくてはならないものがある。そのため、必ず、アメリカで暮らす際、銀行に行って当座預金口座を設けなくてはならない。

アメリカでは、電話の契約は、ローカル・コール（地域内）とロング・ディスタンス・コール（州と州、国と国）に分かれている。ローカル・コールではベル・アトランティック（現在ではVerizonと名を変えている）社が最も有名。ロング・ディスタンス・コールはＡＴ＆Ｔ[12]がよく知られている。電話で契約する際、英語が聞き取れなかったら、遠慮なく何度も聞き直し、あるいは、ゆっくりとしゃべってもらうこと。

三月二五日（土）

今日は、ホワイト・フリントに家具のレンタルの契約に行く。最も安い家具をレンタルした。

〔注〕アメリカで生活する際、家具を購入するのは高くつく。すでにアメリカで暮らしている友人が譲ってくれるのならそれに越したことはないが、それ以外は、レン

(12) 電話の発明者であるグラハム・ベルがつくった最古の通信会社である。1984年、分割され、もともとのＡＴ＆Ｔは長距離専門の通信会社になった。

タルがお得。有名なレンタル会社としては、Cortなどがあげられよう。

三月二六日（日）

ホテルをチェックアウト。いよいよ、今日からグロヴナーで、本当の意味の一人暮らしが始まる。

グロヴナー・タワーの管理人のE氏に会う。E氏は気さくで何でも相談できる。

グロヴナーにて初めての夜。何もない部屋。床に新聞紙を敷いて、セーターを着、コートをはおって寝た。

〔注〕電話、ケーブルテレビ等(13)、すべての契約に関し、私はアパートの管理人から教えてもらった。管理人に何でも遠慮なく聞くのが一番。

三月二七日（月）

グロヴナーにて、初めての朝。

朝早く起きて、グロヴナーを散策。何だか、国木田独歩の『武蔵野』の気分。朝食は、メトロに乗って、フレンドシップ・ハイツ駅に行き、マクドナルドで食事。その後、フレンドシップ・ハイツの「ジャイアント」というスーパーに初めて行く。あまりの食料品の豊富さに圧倒される。しかも、何でも安くて量が多い。

---

(13) アメリカはケーブルテレビが中心で、テレビ受信世帯の3分の2がケーブルテレビである。また、日本のケーブルテレビに比べてチャンネル数が多く、全米あわせると100を超える。日本の番組もしばしばアメリカのケーブルテレビで放映され、「料理の鉄人」は人気番組となった。最近では「トリビアの泉」が「スパイクTV」で放映され話題になっている。

〔注〕グロヴナー周辺は、林の多い、武蔵野みたいな緑の美しいところ。ワシントンで暮らす日本人の多くは、郊外の自然美あふれるところに住んでいる。

マクドナルドで注文する時は、要点だけを言った方がいい。たとえば、「ナンバー3、チーズなし（without cheese）、オレンジジュース。」といった風に。

アメリカのスーパーはちょっとした文化ショック。客の好みを十二分に満足させてくれる。特に、ミネラルウォーターは安い。日本の何倍もの量で同じくらいの値。ただし、量は多く安いが、肉は硬くて日本人の好みに合わない。ワシントンでは、新鮮な魚も手に入るので、そちらもお勧め。特に、サーモンとタラがおいしい。

三月二八日（火）

グロヴナーに来て三日目。朝は、部屋の各部分のチェック。管理人に、チェックシートを提出。

フレンドシップ・ハイツに行く。「ヘクツ」で靴とシャツを買う。それから、ペンタゴン・シティーへ行く。メトロでラッシュアワーを初めて経験。スリにあわないよう、コートの上で腕組みをしていた。

ペンタゴン・シティーの「ベスト・バイ」でテレビと電話を買う。「リネン」でバスタオル、毛布、炊飯器を買う。帰りはタクシー。タクシーの運転手はパキスタン人で、英語は強烈な訛があった。しかし、これがアメリカだ。これがアメリカ英語なのだ。

明日は、いよいよ家具が来る。

〔注〕「ヘクツ」は、庶民向けのデパート。「ベスト・バイ」では、電気製品が、秋葉原ぐらいの安値（いや、もっと安いかも）で買える。「リネン」は台所用品専門。

三月二九日（水）

よく寝られた。「ロッテ」にカリフォルニア米を買いに行く。大きな袋を二つ購入。これからは米が食べられる。

午後、ようやく家具が届いた。今日からは、ベッドで寝られる。テーブルで食べられる。ソファでくつろげる。

〔注〕「ロッテ」は、日本と韓国の食料品を専門に扱っている。カリフォルニア米は、米に贅沢な日本人も満足させる質の高さ。もっとおいしい米（コシヒカリ他）を買いたい人は、レッド・ラインのベゼズダ駅近く（バスで数分）の「だるま」に行くとよい。

三月三〇日（木）

午後、フレンドシップ・ハイツの「ボーダーズ」に日記帳を買いに行く。三冊購入。かなり厚いものである。

これから一年間、この日記帳に、グロヴナーでの生活、ワシントンで見物したことを書いてゆくつもりである。エッセイの題は、「グロヴナーだより」としよう。四月の第一週から、週一回ぐらいのペースで書いてゆこうと思っている。

〔注〕「ボーダーズ」は有名な本屋。ソファやカフェもあり、ゆっくりと時間をかけて本選びが出来る。私は、アメリカ史関係の本をたくさん買った。

そして、私のエッセイ「グロヴナーだより」について。これは何とか一年間、定期的に書き続けることが出来た。私の前作『アメリカ史の散歩道』は、この「グロヴナーだより」から数十篇を選んで一冊の本にしたものである。そして、『小説より面白いアメリカ史』と題した今回の歴史随筆も、この「グロヴナーだより」を出発点として出来上がったものであることを言い添えておこう。

あとがき

本書は、拙著『アメリカ史の散歩道』(中央大学出版部) の続編として書かれたものである。前作では、主として一八世紀と二〇世紀のアメリカ史を扱っていたが、今回は、主に一九世紀のアメリカ史に光を当てている。その意味で、本書は、『アメリカ史の散歩道』を補う作品である。また、次のような意味においても、これら二つの書は相互補完的な関係にある。それは、前作に収められたエッセイで描き出した歴史的世界、出来事、事項が、本書のいくつかのエッセイでは、別の角度から、あるいはより発展した形で描かれているということである。たとえば、前作の「外交ゲーム」は、本書の「アダムズの『アメリカ史』——アメリカの歴史文学(2)」と照応しており、また、前作の「一九二一年三月四日」は、本書の「見者ウィルソン——大統領夫人の視点から」に対応している。それらのエッセイは、ある時は羊皮紙のように重ね書きされて、新たな歴史像を描き出すような仕掛けになっており、ある時は、合わせ鏡のようになって、多元的で立体的な像を結ぶように仕組まれている。また、本書では随所に「タヴァーン」が登場するが、前作の「タヴァーンの社会史」はその注釈としての役割も果たしてくれる。

方法論的には、前作も本書も、物語風な歴史記述に基づいているが、以下の点で異なっている。『アメリカ史の散歩道』は、大半が旅行記の体裁をとったアメリカ史であり、空間的な旅が時間＝歴史的な旅になるような構造を有しているが、本書の大部分は、旅行記ではなく、歴史物語である。また、文体的にもだいぶ違ったものになったようだ。前作では、随所に抒情的な文章をはさみ、文体を多様化したが、今回は、簡潔で直截的な、叙事的な記述に終始した。このようなジャンル的、文体的統一によって、一冊の書物としてはより統一のとれたものにしたつもりである。

また、本が書かれた環境、時代的背景の違いも色濃く反映している。『アメリカ史の散歩道』は、アメリカにおいて執筆されたため、アメリカの生活の中で感じ取れる「歴史の足音」をより忠実に記録している。しかしながら、日本において書かれた本書は、そのような直接的・体験的な手法以上に、アメリカから入手した史料の実証的な研究に依拠しているため、体験的な手法に顕著な「直感」、「印象」を極力排除したつもりである。本書には、前作と比べて、私的な部分が少なく、随想的な雰囲気が影をひそめているのも、このような執筆環境の違いに由来するものであろう。また、時代背景ということで言えば、決定的に違うのは、前作は「同時多発テロ」の前に書かれており、今回は、「同時多発テロ」以後に書かれていることだ。テロ後、アメリカの「単独行動主義」がますます強まる中、私のアメリカ観も変化したようだ。時代に逆行してゆくジョージ・W・ブッシュに対する批判は、前作の「就任式」のエッセイではほとんど書かれていないが、今回は、随所に暗示的に記してある。また、「二〇〇年先を見ていた」ウィルソン大統領については、賛辞を惜しまなかったつもりである。

しかし、このような違いがあるとはいえ、私の歴史記述に関する理想は、前作と本書を通じて全く変わっていない。それは、極めて単純明快なものだ。つまり、「物語性」と「ドラマ性」をそなえた「文学」としての歴史書、という理想である。丸谷才一は、『ロンドンで本を読む』に収められたプリチェットの書評（エドマンド・ウィルソン『フィンランド駅へ』の書評）に関して、歴史はもともと「学問」ではなく「文学」であったと記しているが、私は、歴史は本来有していた「文学性」を取り戻すべきだと思っている。本書のうちの三章（第18章―第20章）が、歴史の「文学性」に関するエッセイになっているのは、このような信念を具体的に示したかったからである。とりわけ、アダムズとウィルソンの書は、「文学性」と「科学性」が両立しうることを示しており、それらは、私にとっての理想的な歴史書であり続けている。

最後に、本書の成立、編集についてひとこと。

前作と同じく、今回も、中央大学出版部の柴崎郁子氏に貴重なアドバイスをいただいた。ここに厚く感謝の意を表したい。

そして、何よりも、家族の者に感謝したい。これらエッセイを執筆する際、常に心の支えとなり、あたたかく見守ってくれた私の家族に、本書を捧げたいと思う。

二〇〇五年三月

岡本正明

索　引

〔 ヒ 〕

〔 フ 〕

〔 ヘ 〕

〔 ワ 〕

◆著者プロフィール

岡本 正明　（おかもと　まさあき）

中央大学法学部教授。1960年東京都に生まれる。1983年東京大学文学部卒業。東京都立大学助手等を経て現職。主な著書に、『アメリカ史の散歩道』（2002年中央大学出版部刊）『批評理論とアメリカ文学――検証と読解』（共著・1995年中央大学出版部刊）、訳書に、『フィンランド駅へ』（1999年みすず書房刊）などがある。

小説より面白いアメリカ史

2005年7月1日　初版第1刷発行

著　者　岡本正明

発行者　辰川弘敬

発行所　中央大学出版部

東京都八王子市東中野742-1　〒192-0393

電話 0426(74)2351　　FAX 0426(74)2354

http://www2.chuo-u.ac.jp/up/

装　幀　清水淳子

印　刷　電算印刷株式会社

製　本　株式会社渋谷文泉閣

ISBN4-8057-4139-2